Orakel • Hexen • Heilmagie

Ingrid Schmidt

ORAKEL • HEXEN HEILMAGIE

AUF DER INSEL RÜGEN

HINSTORFF

Bibliographische Information Der Deutschen Bibliothek
Die Deutsche Bibliothek verzeichnet diese Publikation in der Deutschen Nationalbibliographie; detaillierte bibliographische Daten sind im Internet über http:// dnb.ddb.de abrufbar.

Lagerstraße 7, 18055 Rostock
Tel. 0381/ 4969-0
Internet: http://www.hinstorff.de

1. Auflage 2004
Herstellung: Hinstorff Verlag GmbH
Lektorin: Bärbel Mundt
Druck und Bindung: Schlütersche Druck GmbH & Co. KG
Printed in Germany
ISBN 3-356-01038-7

Vorwort

Die Geschichte einer Region ist ein wichtiges Merkmal ihrer Identität. Sie zeigt sich in den großen Boden- und Baudenkmalen vergangener Zeiten, in den Zeugnissen der materiellen Kultur der Generationen in den Museen. Sie wird nacherlebbar oder auch verständlich in den mündlichen und schriftlichen Hinterlassenschaften ihrer Bewohner. In dieser Art von Überlieferung ist ein guter Teil des Denkens und Fühlens der Menschen erhalten geblieben, das meiner Meinung nach ebenso wertvoll ist wie Gegenständliches.

Meine Idee war es, mit dem vorliegenden Band auch diese Seiten des Lebens früherer Generationen auf der Insel Rügen vorzustellen, soweit sie erfassbar waren. Aus zahlreichen schriftlichen Überlieferungen, aus Erzählungen, Chroniken, Befragungen und unveröffentlichten Quellen in Archiven ist Material zusammengetragen worden, das uns hilft, heute zu verstehen, von welchen Problemen, Ängsten, Gefühlen und Glaubensvorstellungen die Handlungsweisen der Menschen in vergangenen Zeiten unter anderen sozialen und gesellschaftlichen Bedingungen gelenkt wurden. Die Vielfalt der gesammelten Informationen, die im Einzelnen kaum jemandem zur Verfügung stehen und die für sich auch kaum viel über die Zeit aussagen, zu bündeln, behutsam zu erläutern und sie somit für die an der Regionalgeschichte Rügens interessierten Leser verständlich zu machen, soll das Anliegen des Dargestellten sein. Wenn damit ein Beitrag dazu geleistet wird, dass das Denken und Fühlen der Rüganer in früherer Zeit das Interesse der heutigen Generation findet, wäre ich erfreut.

Für die freundliche Unterstützung meiner Arbeit danke ich sehr herzlich Frau Dr. Ingeborg Wahl, Bergen, und den Mitarbeiter/innen der Archive in Greifswald, Stralsund und Rostock.

Ingrid Schmidt
Stralsund, 2004

Orakel, Wahrzeichen, Weissagungen

Wer wäre nicht davon fasziniert, einen Blick voraus in seine Zukunft werfen zu können! Seit Jahrtausenden beschäftigen sich die Menschen mit diesem Thema, suchen zumeist erfolglos nach Möglichkeiten und Methoden, wie man Ereignisse vorhersehen kann.

Priester, Zauberer, Visionäre, Wahrsager, Weissager und Schamanen behaupten von sich, in die Zukunft schauen zu können. Einen stichhaltigen Beweis, dass das wirklich möglich ist, hat man bislang nicht gefunden.

Doch zunächst soll geklärt werden, was man heute unter den Begriffen „Orakel" und „Weissagung" versteht. Im Handbuch des deutschen Aberglaubens wird der Begriff Orakel folgendermaßen definiert: *Unter Orakel verstehen wir jeden Brauch, mit Hilfe eines vom Menschen zu bestimmten Zeiten, an bestimmten Orten, mit bestimmten Mitteln unter bestimmten Bedingungen absichtlich herbeigeführten Vorganges, dessen außerhalb der menschlichen Willenstätigkeit liegendes Ergebnis als Zeichen oder Antwort aufgefaßt wird, eine schwebende Angelegenheit zu entscheiden oder noch verhüllte Bezogenheiten und Verflechtungen von Geschehnissen zu enthüllen, um demgemäß sein Verhalten einzurichten.* (HDA, Bd. VI S. 1261)

Es wird zwischen Formen der passiven Wahrsagung, z. B. der Deutung natürlicher Zeichen, und der aktiven Wahrsagung unterschieden, bei der von Menschen absichtlich bewirkte Zeichen interpretiert werden. Die Mittel, derer man sich für die Orakel bedient, sind außerordentlich vielfältig. Dazu gehörten beispielsweise die Beobachtung von Sonne, Mond und Sternen, von Wettererscheinungen sowie des Feuers, des Wassers, einzelner Pflanzen und Tiere, die Betrachtung von Mineralen, von Metallen und vielen anderen Dingen mehr. Hingegen wird unter Weissagung die Voraussage kommender politischer Ereignisse, wie Krieg oder Frieden oder bevorstehende Katastrophen, durch einzelne

Personen, Propheten oder Astrologen, die weniger Einzelschicksale als eher die Allgemeinheit betreffen, verstanden.

Schon die Schriftgelehrten der römischen und griechischen Antike erwähnen in ihren Schriften zahlreiche Beispiele für Orakel und Weissagungen. Bereits Cicero schrieb im 1. Jahrhundert v. Chr. ein Buch über Weissagungen und die Deutung von Träumen. Auch die Bibel enthält viele Hinweise dieser Art.

Das Befragen von Orakeln war im klassischen Altertum das Mittel, Kontakt zwischen den Göttern und den Menschen herzustellen. Als Mittler für die Offenbarung des göttlichen Willens verstanden sich Priester und Seherinnen der Orakelheiligtümer. Es wurde zwischen Traumorakeln, Spruchorakeln und Zeichenorakeln unterschieden. Man hatte die Vorstellung, dass die Götter unsichtbar überall in der Natur vorhanden waren, dass man an bevorzugten Orten und zu besonderen Zeiten mit ihnen Kontakt aufnehmen könne und dass mit ihnen gewidmeten Opfern ihr Wohlwollen zu gewinnen sei.

Das Befragen von Orakeln, das Deuten von Zeichen verschiedenster Art als Hinweis auf kommende Ereignisse im Leben einzelner Personen oder Personengruppen ist in allen Kulturen der Erde üblich gewesen und wird auch heute vielfach ausgeübt.

Praktiziert wurden und werden noch gegenwärtig alle drei Arten der Vorausschau, nicht immer im Namen der Götter und der Religionen, jedoch auf allen Kontinenten, weniger in der Öffentlichkeit, wohl eher im kleinen Kreis von Dorf- und Regionalgemeinschaften.

Große Berühmtheit erlangten zahlreiche antike Orakelstätten, z.B. das Orakel von Dodona und das von Delphi. Von dem Orakel von Delphi weiß man heute, dass die dort weissagenden Priesterinnen durch ein aus dem Felsen ausströmendes Gas in einen rauschähnlichen Zustand versetzt wurden, bevor sie den Willen der Götter verkündeten.

Die Zeichen der jeweils befragten Orakel wurden von Priestern oder weisen Frauen als Zeichen der Götter gedeutet und interpretiert.

Eine der ältesten schriftlichen Quellen, die Zeugnis ablegt vom Denken und Glauben der Menschen, die nach der Zeitenwende im norddeutschen bzw. nordeuropäischen Raum lebten, ist die „Germania“ des römischen Schreibers Tacitus aus der Zeit um 100 n. Chr. In seinem Buch über die Germanen erwähnt Tacitus auch die Rugier als einen Volksstamm an der Ostseeküste. Rugier oder Ranen war die frühmittelalterliche Bezeichnung für die Inselbewohner von Rügen.

Über den Gauben und die damit verbundenen rituellen Handlungen der Germanen berichtet er Folgendes: *Auf Vorzeichen und Losorakel legen die Germanen wie kaum ein anderes Volk wert. Das herkömmliche Verfahren beim Losen ist einfach. Sie zerschneiden einen dünnen Zweig eines fruchttragenden Baumes in kleine Stücke, machen diese durch bestimmte Zeichen kenntlich und streuen sie dann über ein weißes Laken hin, ganz aufs Gratewohl und wie es der Zufall fügt. Danach betet bei einer Befragung in einer allgemeinen Angelegenheit der Priester des Stammes und bei einer Befragung in einer privaten Angelegenheit der Hausvater zu den Göttern, hebt, den Blick gen Himmel gerichtet, drei Zweigstücke nacheinander auf und deutet sie nach den vorher eingeritzten Zeichen. Lautet der Bescheid ungünstig, so findet am gleichen Tage keine zweite Befragung über denselben Gegenstand statt; lautet er jedoch günstig, so muss er noch durch Vorzeichen bestätigt werden. Ferner ist jener weit verbreitete Brauch, Stimme und Flug von Vögeln zu befragen, auch in Germanien bekannt; dagegen ist es eine germanische Eigentümlichkeit, auch auf Weissagungen und Mahnungen von Pferden zu achten. Auf Stammeskosten hält man in den bereits erwähnten Hainen und Lichtungen schneeweiße Rosse, die durch keinen Dienst für Sterbliche entweiht sind. Man spannt sie vor den heiligen Wagen, und der Priester und der König oder das Oberhaupt des Stammes gehen neben ihnen und achten auf ihr Wiehern und Schnauben. Und keinem anderen Vorzeichen bringt man größeres Vertrauen entgegen …*

Sich selbst nämlich halten diese nur für die Diener der Gottheit, die Pferde dagegen für deren Vertraute. (Tacitus, Germania, S. 11)

Mehr als 1000 Jahre später, in der 2. Hälfte des 12. Jahrhunderts, zur Zeit der Slawenherrschaft über Rügen und weite Teile Norddeutschlands, berichten der dänische Geschichtsschreiber Saxo Grammaticus und der Chronist Helmold von Bosau in Verbindung mit der Eroberung Rügens und der Christianisierung der Rüganer über ähnliche Vorgänge beim Tempelheiligtum des Slawengottes SWANTEVIT am Kap Arkona an der Nordspitze Rügens.

Die Orakel des Swantevit-Heiligtums am Kap Arkona

Saxo Grammaticus war ein Geschichtsschreiber in dänischen Diensten, der im Auftrag des Dänenkönigs bzw. des Bischofs Absalon von Roskilde (1128–1201) die „Gesta Danorum“ (Die Taten der Dänen) verfasste. Die Lebensdaten von Saxo Grammaticus sind nicht überliefert. In den Kapiteln 14 bis 16 schildert Saxo sehr ausführlich die Eroberung Rügens durch die Dänen im Jahr 1168 und die darauf folgende Christianisierung der Rüganer.

Zahlreiche genaue Beschreibungen von Örtlichkeiten und Ereignissen auf Rügen lassen vermuten, dass er selber den dänischen Bischof und Feldherren Absalon begleitete und daher aus persönlicher Anschauung darüber berichtet.

Saxo schildert sehr anschaulich die Art, wie die Ranen mit Hilfe eines Pferdes den Willen des Gottes SWANTEVIT offenbarten. Die Gottheit SWANTEVIT *besaß als besonderes Eigentum ein Pferd von weißer Farbe, dem aus Mähne und Schweif Haare zu zupfen für Frevel galt. Dem Priester allein stand es zu, es zu weiden und zu besteigen, damit nicht der Gebrauch des göttlichen Tieres je häufiger desto geringer geschätzt würde. Nach Rügenscher Meinung wurde nämlich geglaubt, dass Swantovitus auf diesem Rosse gegen die Feinde seiner Heiligtümer Krieg führte … Auch wurden durch dasselbe Roß Weis-*

sagungen folgender Art vorgenommen. War nämlich beschlossen, gegen irgendwelches Gebiet Krieg zu unternehmen, so pflegte man mit Hilfe der Tempeldiener eine dreifache Reihe von Lanzen vor dem Tempel anzuordnen; in jeder Reihe wurden je zwei gegeneinander verschränkt mit zur Erde gerichteten Spitzen befestigt, indem gleiche Größe der Entfernung die Reihen trennte. In der Zeit der Ausführung des Unternehmens wurde nach Vorausschickung eines feierlichen Gebetes das Roß vom Priester aus der Vorhalle gezäumt vorgeführt; falls es die vorgesetzte Reihe eher mit dem rechten als mit dem linken Fuß überschritt, wurde das als günstiges Vorzeichen des zu führenden Krieges angenommen; wenn es aber auch nur einmal den linken dem rechten vorsetzte, so wurde die Absicht über das anzugreifende Gebiet geändert, und nicht eher wurde eine Schiffsreise als sicher vorbestimmt, als bis hintereinander drei Spuren des besseren Antrittes gesehen waren. Auch wenn sie zu verschiedenen Geschäften ausfuhren, schöpften sie aus der Begegnung mit dem ersten Tiere die Weissagung für ihre Wünsche. Fielen diese günstig aus, beschritten sie mit frohem Mut den begonnen Weg; waren sie dagegen misslich, so bogen sie ihren Gang um und suchten ihr Heim auf. Auch war ihnen der Brauch der Lose nicht unbekannt, denn drei Holzstückchen, weiß auf der einen, schwarz auf der anderen Seite, warfen sie sich in den Schoß statt Lose und bezeichneten Erfolg mit dem hellen, Misserfolg mit dem dunklen. Aber nicht einmal die Weiber waren von dieser Art des Wissens frei geblieben, denn am Herde sitzend zeichneten sie in die Asche zufällige Striche, ohne nachzuzählen. Zählten sie sie paarig, so hielten sie sie für die Verkünder des Erfolgs; wenn unpaarig, so hielten sie sie für Boten des Unheils. (Saxo, nach Barthold, S. 10/11)

Der Bischof Helmold (er lebte etwa von 1125 bis etwa 1170) aus Bosau in Ostholstein verfasste eine Chronik der Slawen, die bis in das Jahr 1172 reicht und vermutlich nach seinem Tod von fremder Hand beendet wurde. Er lebte im Randgebiet der slawischen Besiedlung und gehörte zu den Missionaren, die sich um die Christianisierung dieser Stämme eifrig bemühten. Seine Aufzeichnungen, die er Heinrich dem Löwen widmete, enthalten zahlreiche teilweise sehr detaillierte Angaben über das Leben und die Kultur der Slawen im norddeutschen Raum. Von ihm erfährt man viele Einzelheiten über das Tempelheiligtum auf Arkona und u. a. über die Befragung des dortigen Orakels, die die Aufzeichnungen Saxos ergänzen bzw. unterstreichen.

Unter den vielgestaltigen Gottheiten der Slawen ist vor allem Swantevit zu erwähnen, der Gott des Landes der Rugianer, der nämlich in Orakelsprüchen am wirksamsten sei; im Vergleich zu ihm betrachteten sie (die Slawen) *die anderen Gottheiten nur wie Halbgötter. Daher pflegten sie ihm zur besonderen Ehre alle Jahre einen Christen, auf den das Los fällt, zu opfern,* schreibt Helmold in der Slawenchronik. Und weiter (Kap. 52) lesen wir bei ihm, dass *Swantevit, der Gott des Landes der Rugianer, unter allen Götzen der Slawen den Vorrang erlangt hat, so daß er durch Siege am berühmtesten, in Orakelsprüchen am wirksamsten sein soll. Daher schickten auch noch in unserer Zeit* (Mitte 12. Jh. n. Chr.) *nicht nur das wagrische Land, sondern auch alle Länder der Slawen dorthin jährlich Tribut, indem sie ihn für den Gott der Götter erklärten. Unter den verschiedenen Opfern pflegte der Priester auch bisweilen einen Christen zu opfern, da er erklärte, dass an dem Blute eines solchen die Götter besonderen Wohlgefallen fänden* (Kap. 12) … *Die Völker, die sie mit ihren Waffen unterwerfen, lassen sie an ihren Tempel Zins zahlen; sie ehren ihren Oberpriester höher als den König. Ihr Heer senden sie, wohin das Los weist. Nach dem Siege legen sie Gold und Silber in den Schatz ihres Gottes nieder* (Kap. 36).

Vom Loswurf für Entscheidungen hatte bereits Jahrhunderte vorher Tacitus berichtet.

Dass jedoch nicht nur kriegerische Handlungen durch das Los bestimmt wurden, berichtet Helmold an anderer Stelle:

Die Feste nämlich, die zu Ehren der Götter zu feiern sind, sagt der Priester nach dem Ausfall des Loses an, und dann kommen Männer, Frauen und Kinder zusammen und bringen ihren Götzen Opfer dar, bestehend in Rindern und Schafen; ja sehr viele opfern auch Menschen, Christen nämlich, weil sie erklären, am Blute derselben hätten die Götter Wohlgefallen. Nachdem das Opfertier getötet ist, kostet der Priester von dem Blute desselben, um sich zum Empfange göttlicher Weisung mehr zu befähigen. Denn dass die dämonischen Wesen durch Blut leichter anzulocken sind, ist die Meinung vieler. Diese göttlichen Weisungen bestimmen in vielerlei Hinsicht das Handeln der Stammesfürsten …

Die Slawen haben aber einen sonderbaren abergläubischen Gebrauch; bei ihren Schmausen und Zechgelagen lassen sie eine Schale herumgehen, auf welche sie im Namen der Götter, nämlich des guten und des bösen, Worte, nicht der Weihe, sondern vielmehr der Entweihung ausschütten. Sie glauben nämlich, alles Glück werde von dem guten, alles Unglück von dem bösen Gotte gelenkt.

Überliefert ist von den Slawen, dass sie neben einem Hauptgott zahlreiche weitere Götter von meist lokaler Bedeutung verehrten. Auf dem Grabungsgebiet innerhalb des Burgwalles am Kap Arkona fand man vor Jahren u.a. Menschenknochen mit Spuren, die sehr wahrscheinlich von Opferhandlungen herrühren. Die Funde bestätigen die Richtigkeit der Schilderungen von Saxo und Bischof Helmold betreffs der Menschenopfer bei den Orakelhandlungen am Swantevitheiligtum. Zusammenfassend kann festgestellt werden, dass nach den Überlieferungen Helmolds von Bosau und von Saxo Grammaticus bei dem Tempelheiligtum des Slawengottes Swantevit auf Arkona ein Orakel mit Hilfe von Losen befragt wurde,

- dass Priester die Übermittler des vermeintlichen Götterwillens waren,
- dass bei dem Heiligtum Tiere und manchmal Menschen geopfert wurden,
- dass man glaubte, das Blut der Opfer sei den Göttern besonders willkommen,
- dass offensichtlich durch Fluchen und Beschimpfungen über einer Trinkschale versucht wurde, böse Dämonen zu vertreiben und
- dass mit Hilfe eines Pferdes der günstigste Zeitpunkt für Unternehmungen verschiedenster Art ermittelt wurde.

Eine bedeutende Rolle bei diesen Vorgängen spielten die Priester als die Mittler zwischen dem Willen des Gottes und dem Volk. Von ihrer Interpretation der Orakelbefragungen hingen die Entscheidungen der Stammesfürsten ab. Nicht unberechtigt schreibt Helmold, dass sie in der Wertschätzung häufig über den Stammesfürsten rangierten.

Offensichtlich wählte man unterschiedliche Methoden der Orakelbefragungen, je nach der Art des Vorhabens, um das es ging. Für kriegerische Aktivitäten befragte man das Pferdeorakel, für die Festlegung von Feiern, das Bestimmen von Opfern zu diesen Anlässen und andere Aktivitäten ließ man die Lose entscheiden. Auch im familiären Bereich bediente man sich verschiedener Orakelmethoden, wie es die Beschreibung der von den Frauen in die Asche gezeichneten Striche belegt.

Ein anderer Brauch, eher der Weissagung als dem Orakel zuzuordnen, war die Voraussage auf die Ernte des kommenden Jahres. Wie das vonstatten ging, berichtet Saxo Grammaticus:

Einmal im Jahr, nach Einbringung der Ernte, beging die Menge (Menschen) *der ganzen Insel vor dem Tempel des Götzenbildes nach einem Viehopfer ein festliches Mahl im Namen der* (slawischen) *Religion. Der Priester … pflegte am Tage vorher das Heiligtum, das allein er betreten durfte, mit einem Besen zu reinigen; er achtete darauf, nicht seinen Atem innerhalb des Tempels auszustoßen … Am folgenden Tag, als das Volk draußen sich aufhielt, besah er sorgfältig den Becher, den er dem Götzenbild* (gemeint ist das Trinkhorn, das sich in den Händen des Swantevit befand) *abgenommen hatte; war die Flüssigkeit vermindert, so sah er darin einen Hinweis auf den Mangel des folgenden Jahres; wenn er das bemerkte, so ließ er die Früchte für die kommende Zeit aufbewahren. War nichts von der gewohnten Menge* (Met) *verschwunden, weissagte er, dass Zeiten der Fülle der Äcker kommen würden …*

Nachdem er den Trank vor die Füße des Götzenbildes ausgegossen hatte (eine Geste, die möglicherweise als ein Opfer an die Mutter Erde zu betrachten ist), *schenkte er in den geleerten Becher neu ein. Indem er das Bild durch scheinbares*

Zutrinken geehrt hatte, leerte er den Becher in großem Zuge und gab ihn wieder in die Rechte des Götzenbildes zurück. Es wurde auch ein mit Honig zubereiteter Kuchen in runder Form, von einer Größe, dass sie fast Menschengröße gleichkam, als Opfer dargebracht. Diesen stellte der Priester in die Mitte zwischen sich und das Volk und fragte, ob die Rügianer ihn sehen. Als sie antworteten, dass sie ihn sehen, wünschte er, dass er in einem Jahr nicht mehr zu sehen wäre.

Dieser Brauch drückt den Wunsch nach einer guten Ernte und reichlichen Nahrungsmitteln bis zur Reife der Früchte im folgenden Jahr aus. Man muss beachten, wie wichtig es in jener Zeit war, über die lange Winterperiode ausreichend Nahrung aus der eigenen Ernte für alle einlagern zu können. Fiel die Ernte gering aus, drohten Hunger und Krankheiten durch schlechte Ernährung für Menschen und Tiere.

Wer das Orakel des Heiligtums oder das Werfen der Lose durch einen Priester in Anspruch genommen hatte, stiftete aus Dankbarkeit wertvolle Geschenke in den Tempelschatz.

Durch ihre Funktion als Vermittler zwischen den Göttern und dem Volk gelangten die Priester zu hohem Ansehen. *Der König steht bei ihnen* (den Slawen) *im Vergleich zu den Priestern in geringerem Ansehen. Denn dieser* (der Priester) *erforscht die Orakelsprüche des Gottes und den Fall der Lose. Er hängt vom Winke der Lose, König und Volk aber von seinem Willen ab,* berichtet Helmold von Bosau. Und an anderer Stelle heißt es: *Sie ehren den Oberpriester höher als den König. Ihr Heer senden sie, wohin das Los weist. Nach dem Siege legen sie Gold und Silber in den Schatz ihres Gottes.* (Helmold, Kap. 36) Die Priester übten in ihrer Funktion offensichtlich uneingeschränkte Macht aus. Sie konnten die Weissagungen des Orakels nach ihrem Gutdünken formulieren und somit die Geschicke der Menschen wie absolutistische Herrscher bestimmen.

Ähnliche Bräuche mit Orakeln sind auch von den Kelten und Germanen überliefert.

Kristallsehen, Zeichen deuten und andere „Töwerie"

Leider sind für die Zeit nach der Eroberung Rügens bis etwa um 1800 schriftliche Belege für die Verwendung von Orakeln auf Rügen nur sehr spärlich vorhanden. Wenn Henrich Wackenroder 1732 in seinem Buch „Altes und Neues Rügen" von drei Weissagungsbüchern berichtet, *so man (1168) in Carentz gefunden, wurden samt dem Götzentempel verbrandt,* so scheint es sich bei dieser Bemerkung um eine mündliche Überlieferung zu handeln, deren Authentizität nicht zweifelsfrei ist.

Die Priester, Weissager und weisen Frauen genossen im frühen Mittelalter noch wegen ihrer allseits geschätzten Fähigkeiten großes Ansehen. Das änderte sich offensichtlich nach und nach mit der Ausbreitung des Christentums. Nun wurde ihr Tun als Teufelswerk angesehen, das sich mit dem „rechten" Glauben eines Christen nicht vereinbaren ließ. Rituale und Bräuche aus vorchristlicher Zeit, die sich nicht in das christliche Glaubensbild integrieren ließen, wurden zu verachtenswerten Handlungen, zu Schadenzauber, Teufelei oder *overlövisch Tantwerk,* zu abergläubischen Handlungen, die rigoros von der Kirche geächtet worden waren. Und das, obwohl auch in der Bibel zahlreiche Zauberhandlungen erwähnt werden.

Manche Bräuche konnten noch im Verborgenen heimlich weiter gepflegt werden, andere gerieten nach und nach in Vergessenheit. Selbst die Menschen, die auf verschiedenste Arten versuchten, Krankheiten zu heilen und Schmerzen zu lindern, wurden immer mehr geächtet und aus der Gemeinschaft ausgestoßen. Häufig war es Angst vor ihrem undurchschaubaren Tun oder Neid auf ihre besonderen Fähigkeiten. Aus den weisen Leuten machte man Zauberer und Hexen und verbreitete erfolgreich die Auffassung, dass solche Leute nicht nur Gutes, sondern auch Böses tun könnten, dass sie die weiße und die schwarze Magie beherrschen würden. Matthäus von Normann, Rügener Rechtsgelehrter und zeitweiliger Landvogt, er starb 1556, schrieb in der ersten Hälfte des 16. Jahrhunderts die auf der Insel und auf dem zum Fürstentum Rügen gehörenden Festland geltenden Rechtsnormen seiner Zeit auf. Sie sind später unter dem Titel „Wendisch-Rügianischer Landgebrauch" gedruckt worden. Er befragte auch die älteren Menschen seiner Zeit, um die vor seiner Zeit geltenden Rechtsauffassungen in seine Arbeit mit aufzunehmen. Über die Zauberer, die Töverschen, schreibt er: *Iffwohl der Daet halven weinich im Fürstendhom Ruigen sint gerichtet und Gottloff wente itzundt weinig beschuldigt, veel weiniger bekamen, so hieldent de Olden nichts desto weniger darvor, dat men se billig und van Rechts wegen scholde vorbernen.* (Normann, Gadebusch S. 313)

(Obwohl der Tat halber wenige im Fürstentum Rügen sind gerichtet und gottlob jetzt auch wenige [der Zauberei] beschuldigt, viel weniger [hat man] bekommen, so hielten die Alten nichts desto weniger dafür, dass man sie billig und von Rechts wegen sollte verbrennen.)

Als 1618 ein großer Komet am Himmel beobachtet wurde, sah man darin einen *Propheten vieles Jammers und Unglücks, welches in dem 30. jährigen Kriege das gute Teutschland und darinnen Pommern und Rügen zur Genüge empfunden,* schreibt Wackenroder 1732. (S. 99)

Welche Arten von Zauberei und Zeichendeuterei im 17. Jahrhundert offenbar auf Rügen wie in anderen Gegenden noch bekannt waren und offensichtlich auch angewendet wurden, erfährt man im Abschnitt zwei der Polizey=Ordnung für das Herzogtum Vorpommern von 1672. (Dähnert. Urkunden, III, S.358)

Dafern sich auch einige in diesen Landen befinden solten, welche auf des Teufels Kunst wahrsagen, oder durch Crystallen und in andere Wege mit dem Teufel Gespräch hielten, Zauberey übten, und mit dem bösen Feinde gewisse pacta hätten, wider dieselbe soll vermöge der gemeinen und üblichen Rechte verfahren werden. Würde es aber geschehen, daß einige außer Gespräch und Gemeinschaft mit dem Teufel, des Crystallsehens, Wahrsagens, Planetenlesens, Käseschneidens, Mißbrauchung des Evangelii St. Johannis, Sieb, Schlüssel und Buch-

lauffens oder Drehens, Augenausschlagens, Segensprechens, Böten und Stillen, oder anderer abergläubischer, unchristlicher, Gotteslästerlicher und verbotener Mittel, unter was Schein es auch wäre, sich gebrauchen, dieselben sollen mit Ausstreichung an den Pranger, oder einer ansehnlichen Geld-Buße, nach ihrem Vermögen (jedoch daß der Person dabey Ehrlaß erkant werde) angesehen und bestrafet werden.

Das Kristallsehen war im Mittelalter ein Mittel, um in die Zukunft voraussehen zu können bzw. verborgene Dinge ausfindig zu machen. Der Wahrsager oder die Wahrsagerin schaute in eine Kugel aus Bergkristall oder in einen Spiegel und behauptete, darin Verborgenes erblicken zu können. Diese Art von Wahrsagerei führte sicherlich häufig zu Missbrauch und Scharlatanerei. Die heute noch häufig zitierte Redensart, es habe jemand zu tief ins Glas gesehen, bezog sich vermutlich ursprünglich auf das Kristallsehen und die damit verbundene Spökenkiekerei und nicht auf das Trinken von Schnaps oder anderen Alkoholitäten.

Auch von der 1642 als Hexe angeklagten Anna Möller behauptete einer der Zeugen, dass sie ein Kristall benutzt habe, um festzustellen, ob der vermutlich als Soldat in den Krieg gezogene Sohn eines Nachbarn noch am Leben sei. Dabei soll sie laut Gerichtsprotokoll folgenden Spruch gesagt haben:

es ist kein Kind vaterlos
es stehet kein Baum bladelos
es stehet kein storch federlos
im nahmen (des Vaters, des Sohnes und des heiligen Geistes) (siehe S. 53)

Ihr wird außerdem zur Last gelegt, das Pfahlschlagen ausgeübt zu haben. Leider war nicht zu ermitteln, wie das geschah und welchem Zweck es dienen sollte.

Das Planetenlesen ist die ältere Bezeichnung für das Erstellen von Horoskopen.

Unter dem Käseschneiden ist eine Methode zur Aufklärung von Diebstahl zu verstehen. Man reichte den des Diebstahls Verdächtigten ein geweihtes Stück Käse, das sie sofort verzehren mussten. Wem der Bissen im Hals stecken blieb, der war der Dieb. Diese Methode der Rechtsfindung galt sogar als ein von der Kirche sanktioniertes Gottesurteil, das im Mittelalter häufiger angewandt wurde.

Das St. Johannesevangelium ist zu verschiedenen magischen Praktiken und auch zum Heilen von Krankheiten verwendet worden. Beliebt war es, Auszüge aus dem Bibeltext auf winzig kleine Zettel zu schreiben und diese in kleinen Kapseln als Amulett am Körper zu tragen. Sie sollten gegen verschiedene Gichten, gegen Kopfweh, Fieber und andere Gebrechen helfen und beschützten seinen Träger vor dem Einfluss von bösen Geistern und Hexen.

Das Sieblaufen, ein bereits in der Antike erwähntes Mittel, um gestohlene Sachen ausfindig zu machen bzw. Diebe zu überführen, ist bereits im Mittelalter mehrfach beschrieben worden.

Dabei hält man eine Schere, möglichst eine Erbschere, mit nur zwei Fingern fest, auf deren Spitzen ein Sieb, natürlich ein Erbsieb, gestellt wird. Nun werden die Namen der Verdächtigen genannt. Ist der Dieb darunter, so bewegt sich das Sieb von alleine und zeigt somit den Dieb an. Dieses Sieblaufen und das vermutlich ähnliche Verfahren beim Buchlaufen ist in verschiedenen Varianten seit dem Mittelalter in fast allen Gegenden Deutschlands nachzuweisen. Wie alt dieser Brauch ist, lässt sich kaum mehr feststellen.

Wie man mit einem Erbschlüssel einen Dieb ausfindig machte, beschreibt Ernst Moritz Arndt recht anschaulich:

Es muß durchaus ein Erbschlüssel seyn, das heißt, ein Schlüssel, den man mit einem Hause oder Geräth von einem Blutsverwandten geerbt hat. Am wirksamsten hält man die von Vater oder Mutter oder vollends die von den Großältern geerbten. Der Schlüssel wird auf eine bestimmte überlieferte und vorgeschriebene Weise zwischen zwei Fingern ganz lose gehalten und muß mit einem Punkt einen bestimmten Vers oder ein bestimmtes Kapitel in der Bibel berühren, welchem der Zauberer ihn nähert. Dieser mit feierlich verschlossener und verhüllter Gebärde murmelt nun in unverständlichen Tönen gewisse Namen, welche er als Dieb verdenkt (vermutet), *langsam nacheinander her, bei dessen Abmurmelung der lose gehaltene Schlüssel sich regt, ist der Dieb.* (Arndt, zitiert nach Heckscher, S. 107)

Das Buch- oder Bibelorakel befragte man folgendermaßen: Man steckte eine Nadel oder die Spitze einer Schere, möglichst einer Erbnadel oder einer Erbschere, willkürlich zwischen die Seiten des jeweiligen Buches, schlug dort auf und las aus dem so ermittelten Text, was das Orakel zu sagen hatte.

Das Augenausschlagen, das ebenfalls in der oben genannten Polizey-Ordnung erwähnt wird, beschreibt der Stralsunder Bürgermeister Franz Wessel 1550 als einen Schadenzauber, mit dem man offensichtlich jemandem Böses anzaubern konnte:

Nu weren woll etlike Towerer under solken Papen,... und lesen den Judaspsalm ... und quemen bi einen Fründ, dessen Vader ein Schmid gewesen was und he ock ein, edder wiseden de Lüde darhen, de smededen einen sundrigen Nagel up eine sundrige hillige Nacht in aller Düwel Namen, den slogen se in den Block, dar dat Amboß up stund, so gink dem Verbanden ein Oge uth. (Wessel, S. 322)

(Es gab wohl etliche Zauberer unter solchen Papen, ... und lesen den Judaspsalm und kamen zu einem Freund, dessen Vater ein Schmied gewesen war und der auch einer [ist], oder wiesen die Leute dorthin; die schmiedeten einen besonderen Nagel in einer besonderen heiligen Nacht in aller Teufel Namen, den schlugen sie in den Block, worauf der Amboss stand, so ging dem Verbannten [dem die Verwünschung galt] ein Auge aus.)

Die Schmiede galten häufig als zauberkundig.

Mit dem Segensprechen, Stillen und Böten sind volkstümliche Heilmethoden gemeint, auf die im dritten Teil dieses Buches eingegangen wird.

Von Sonne, Mond, Luft, Licht, Sternen, Wassern, Winden, Tageszeiten, Jahreszeiten, ja von Pflanzen und Metallen haben die Menschen früherer Geschlechter gewiß manches gewußt, was als Narrheit oder Altweibermärchen so lange verspottet worden ist, es ist untergegangen, schreibt schon Ernst Moritz Arndt bedauernd um 1800 (zit. b. Heckscher, S. 65).

Der Volksglaube wurde zum Aberglauben, *Pfaffenglauben, Gespensterglauben.*

Erst seit dem Ende des 18. und besonders im 19. Jahrhundert bemühten sich Einheimische wie Gäste Rügens um die Überlieferung zahlreicher Beispiele für das Glauben, Fühlen und Denken der Inselbewohner in früheren Zeiten.

Neben Arndt, der viele Beispiele für das Glauben und Denken der Menschen in Bezug auf Zauberei und Magie zu seiner Zeit in seinen Lebenserinnerungen erwähnt, waren das insbesondere der Trenter Pastor Johann Henrich Wackenroder, der Bergener Privatgelehrte Johann Jacob Grümbke, die Stralsunder Museumsdirektoren Rudolf Baier und Fritz Adler, der Lehrer Dumrath von Mönchgut und der aus Bergen stammende Stettiner Pädagoge Alfred Haas, der nach seiner Pensionierung wieder nach Rügen zog, sich ausführlich mit der Geschichte Rügens beschäftigte und darüber zahlreiche Arbeiten veröffentlichte.

Johann Jacob Grümbke schrieb 1819 (Darstellungen, S. 61): *Allein der Aberglaube herrscht noch stark, Geistererscheinungen, Todten Anmeldungen, Viehbehexungen u. dergl. sind noch Volksglaube, Besprechungen, Räucherungen usw. sind noch angewandte Mittel und die Curart durch sogenannte Sympathie, z.B. das Stockverbinden, Abschreiben der Fieber und dergleichen findet noch große Verehrer …*

Wikker nannte man die Leute, die vorgaben, weissagen, prophezeien, wahrsagen, beschwören und zaubern zu können. Nicht immer waren sie identisch mit den Personen, die man zur Heilung von Krankheiten bei Mensch und Tier aufsuchte oder zu sich bat.

Nicht jeder besaß die Gabe, aus irgendwelchen Anzeichen orakeln zu können. Man sagte von denen, die es konnten, dass sie „das zweite Gesicht" hätten.

Dieses zweite Gesicht oder diese unglückliche Gabe der Weissagung und Vorhersehung, welche meistens alten Weibern und Jungfrauen beiwohnt, kennt man genug in meiner Heimath, wo es vorzüglich auf den kleinen Inseln und Halbinseln, z.B. Wittow und Hiddensee, lebt. Wie vieler grauenvoller und märchenhaft schauerlicher Leichenzüge, die so vor-

hergesagt sind, erinnere ich mich aus meiner Kindheit! Und der Glaube der an den Küsten wohnenden Menschen an diese Gesichte steht felsenfest. Besonders häufig sind diese Gesichte jedoch in den Dorfschaften, aus welchen viele Matrosen in die Fremde auf das weite Meer ausgefahren sind. Da sehen die Weiber, welche diese Sonntagsgabe haben, oft alle verschiedenen Aufzüge des Trauerspiels, als da sind das strandende Schiff, das Antreiben des Leichnams ans Ufer, seine Wegtragung und Einkleidung und endlich den Leichenzug, wie er zum Kirchhof zieht. Auch erblicken sie häufig das geöffnete Grab und sehen die dünne gespenstische Gestalt, gleichsam das Waff (die Seele) *des Gestorbenen oder desjenigen, der da sterben soll, aus demselben hervorsteigen oder um dasselbe schweben.* (Arndt. Nebenstunden, 1828, S. 458)

Nicht jeder konnte dieses zweite Gesicht haben. *Hellsichtige Menschen sind an hohen Festtagen in besonderen Stunden geboren,* schreibt Arndt an anderer Stelle. Er selber ist am zweiten Weihnachtstag 1769 geboren und galt in seiner Familie als *glücklich geboren, weil Glaube und Aberglaube den an hohen Festen hervorgekommenen allerlei Vorzügliches und Wundersames, als da sind Wahrsagen, Gespenstersehen u.s.w. beizulegen pflegt.* (nach Heckscher, S. 104)

Viele Menschen waren früher und viele sind auch heute noch überzeugt, dass an bestimmten Orten und zu bestimmten Zeiten aus irgendwelchen Zeichen Schlüsse auf kommende Ereignisse zu ziehen seien. Dies soll besonders in Übergangszeiten möglich sein, beispielsweise bei Mondwechsel, in der Stunde nachts zwischen 12 und 1 Uhr, in der Nacht der Sommer- und der Wintersonnenwende, in der Walpurgisnacht, bei der Geburt, der Hochzeit und in der Stunde des Todes.

Viele Bräuche besonders zum Jahreswechsel, die mit dem Befragen von Orakeln in Zusammenhang stehen, werden in einigen Familien heute noch, allerdings eher in spielerischer Form, ausgeübt. Dazu gehört u.a. das Pantoffelwerfen. Man wirft einen Pantoffel über die rechte Schulter in Richtung zur Tür. Zeigt die Spitze des Pantoffels zur Tür, so wird der Werfende im kommenden Jahr fortziehen. In vielen Familien ist das Bleigießen heute noch ein beliebtes Sylvesterorakel. Blei wird über einer Kerze geschmolzen und in ein bereitstehendes Gefäß mit Wasser geschüttet. Aus der beim Abkühlen entstehenden Form des erstarrten Bleis ist dann zu entnehmen, was die Zukunft demjenigen bringt, der das Blei gegossen hat.

Andere ermitteln mit einem Würfelspiel oder mit dem Kartenlegen, wie das neue Jahr ausfallen wird. Beliebt war vielerorts das Tellerorakel. Man legt unter mehrere verkehrt herum auf den Tisch gestellte Teller verschiedene Dinge, die für den oder die Ratenden entsprechend gedeutet wurden. Ein grünes Blatt oder ein kleiner Zweig bedeutet, eine Hochzeit steht bevor, ein Stück Brot zeigt kommenden Wohlstand an, Erbsen weisen auf Reichtum hin, eine kleine Puppe oder ein Puppenkleid oder Ähnliches weist darauf hin, dass jemand ein Baby erwarten wird und wer unter seinem Teller etwas Sand findet, muss sich darauf gefasst machen, dass jemand aus der Familie zu Grabe getragen wird. Dieses Tellerorakel lässt sich noch beliebig variieren. Ähnlich dem Bleigießen ist das Werfen einer Apfelschale. Man wirft eine in einem Stück abgeschälte Apfelschale hinter sich und liest aus der sich willkürlich bildenden Form auf dem Fußboden, was die Zukunft bringen wird.

Andere Leute lesen aus dem Kaffeesatz oder aus den Handlinien.

Zu den besonders beliebten Vorhersagen gehörten die sogenannten „Liebesorakel". Jedes junge Mädchen in heiratsfähigem Alter war neugierig darauf, welchen Ehemann es abbekommen würde. Auf allerlei Art und Weise versuchten daher die Mädchen, einen Blick in die Zukunft auf den für sie bestimmten Ehemann zu erhaschen.

Wenn ein Mädchen in der Neujahrsnacht unbekleidet dreimal ums Haus geht, so begegnet ihr ein Mann, der gerade so aussieht, wie ihr zukünftiger Gatte … Wer ein Erblaken umnimmt und zwischen den Beinen hindurch in den offenen Backofen schaut, kann sehen, was das neue Jahr bringt.

Besonders kurios erscheint das von Alfred Haas beschriebene Schweineorakel:

Auf Wittow befragte man früher am Sylvesterabend das Schweineorakel; die Mädchen klopften einzeln an die Schweinestalltür; antwortete darauf ein altes Schwein, so war der Betreffenden ein alter Mann beschieden; antwortete ein junges Schwein, so bekam sie einen jungen Mann. (Haas, Rüg. Volkskunde, S. 48)

Anders zu verstehen sind die zahlreichen Orakel, die sich auf das Leben einzelner Personen beziehen. Aus vielerlei Anzeichen glaubte man auf die Gesundheit, die Partnerschaft, den künftigen Beruf und vieles Andere im Leben schließen zu können.

Orakel begleiteten die Menschen von der Geburt bis zum Tod.

So war man der Meinung, dass während der Schwangerschaft schon am Verhalten der werdenden Mutter, an ihren besonderen Vorlieben für bestimmte Speisen und Getränke, an den Bewegungen des Babys im Mutterleib oder gar an der Wölbung des Bauches zu erkennen sei, ob ein Junge oder Mädchen geboren wird. Das ist heute kein Problem mehr, weil schon sehr früh in der Schwangerschaft mit Ultraschall das Geschlecht des erwarteten Kindes festzustellen ist.

Zeichen deuten aus dem Verhalten von Tieren

In der ersten Hälfte des vergangenen Jahrhunderts stellte Alfred Haas einige Beispiele für das Orakeln aus dem Beobachten der Tiere in der Umwelt zusammen (Haas, Rüg. Volkskunde, 1920), und 1940 veröffentliche W. Peters von ihm auf Rügen gesammelte Beispiele zu dem Thema in einem Beitrag unter dem Titel: Aberglauben in der Rügenschen Heimat.

Belege aus beiden Arbeiten sollen verdeutlichen, wie das Verhalten der Tiere interpretiert wurde.

- *Kreuzen alte, schwarze Katzen den Weg, so erhält man schlechte Nachrichten, … gibt es Unglück.*
- *Wenn sich die Katze putzt, dann gibt es Besuch.*
- *Wenn sich die Katze im Herbst neben den Ofen legt, gibt es einen strengen Winter.*
- *Wenn die Katze den ganzen Tag schläft und den Kopf wegsteckt, gibt es Regen.*
- *Frißt der Hund Gras, gibt es Regen.*
- *Heult der Hund den ganzen Tag, gibt es einen Toten.*
- *Wenn ein Hund vor einem Hause heult, in dem ein Kranker liegt, so muß der Kranke sterben.*
- *Wirft der Maulwurf den Erdhaufen ans Haus, so gibt es bald einen Toten.*
- *Wühlt ein Maulwurf in einem Grabhügel eines Familienangehörigen, so gibt es bald einen Toten.*
- *Sitzt morgens ein schreiender Uhu auf dem Schornstein, will er sich einen Toten holen. Ebenso wenn die Eulen nachts schreien.*
- *Ruft der Kukuk, so werden die Rufe gezählt, um zu erfahren, wie lange man noch zu leben hat.*
  Dazu sagte man folgenden Spruch:
  Kuckuck in' n Häwen,
  wur lang sall ick lewen?
- *Wenn man den Storch im Frühjahr stehend sieht, wird man faul, sieht man ihn aber fliegend, wird man fleißig. Trifft man ihn beim Fröschefangen, ist etwas Gutes zu erwarten, begegnet man ihm gehend, wird ein Umzug in Aussicht gestellt.*
- *Wenn die Häster* (Elster) *sich einem Gehöft nähert, gibt es Unwetter oder es kommen Gäste.*
- *Wenn eine Padde* (Kröte) *ins Haus kommt, das bedeutet Glück.*
- *Wenn die Störche und Kraniche im Herbst früh abziehen, gibt es einen strengen Winter.*

- *Ein Schuh auf dem Tisch bedeutet Ärger.*
- *Wenn man morgens auf dem Weg zur Arbeit einer alten Frau begegnet, hat man am Tag etwas Unangenehmes zu erwarten.*
- *Fällt einem ein Zahn aus dem Mund, oder träumt man davon, so sind Krankheit oder eine Todesnachricht zu erwarten.*
- *Wird Salz verschüttet, werden bald darauf Tränen vergossen.*
- *Träumt man von einem Toten, dann gibt es am kommenden Tag Regen.*
- *Stößt man sich den rechten Fuß, erhält man einen Herrengruß, der linke Fuß bedeutet Ärger und Verdruß.*
- *Fällt ein Spiegel runter, so ist sieben Jahre dauernder Ärger zu erwarten.*
- *Ein Strohhalm in der Stube zeigt baldigen Besuch an.*
- *Springt eine Tür von alleine auf, gibt es Besuch.*
- *Ein gefundener Pfennig bringt Glück.*
- *Klingt einem das Ohr, denkt jemand an ihn.*
- *Juckt einem die rechte Hand, wird man noch Geld ausgeben, juckt die linke Hand, erhält man Geld.*

Viele dieser hier aufgezählten Belege aus der Zeit vor gut zwei Generationen sind auch heute noch weithin bekannt. Man geht allerdings jetzt eher spielerisch damit um und nimmt die Anzeichen kaum mehr ernst.

Ohne Zweifel gehören alle diese Beispiele zu den deutbaren Zeichen, auf die man früher sehr viel mehr Acht gab und die im Alltagsleben der Menschen eine wichtige Bedeutung hatten.

Hexen und Zauberer

Der Begriff Hexe erscheint im deutschsprachigen Raum erstmals in einem Schriftstück aus dem Jahre 1293. Im 15. Jahrhundert wird dieser Begriff für das Böse, für angeblich Böses herbeiführende Menschen allgemein üblich. Voraussetzung dafür war der verbreitete Glaube an das Vorhandensein von Dämonen oder auch des Teufels, die sich für ihre böse Zauberei einer schadenstiftenden Tätigkeit einzelner Menschen, eben der Hexen und Zauberer, bedienten. Im Handbuch des deutschen Aberglaubens (HDA III, S. 1827 ff.) wird das Wort Hexe wie folgt erklärt: *Der Begriff Hexe ist ein Sammelbegriff, der z.T. auf altem, volksmäßigen Zauber- und Gespensterglauben beruht, in seiner besonderen Bedeutung als Grundlage der großen Hexenverfolgung und -prozesse durch die Theologie der mittelalterlichen Kirche entwickelt wurde.* Die Entstehung des Wortes wird auf die nordische Bezeichnung für Zaunreiterin zurückgeführt. Logischer erscheint die Erklärung von Inge Rasch-Rauter (Unser keltisches Erbe, S. 249): Sie führt die Bezeichnung Hexe auf den Begriff *Hagedise* für eine vorchristliche Priesterin zurück, *die Weise, die Wissende, die kräuterkundige Frau, die pharmazeutisch geschulte Priesterin und Hüterin des Tempels. Im frühen Mittelalter wurde die Bezeichnung zum bereits abgewerteten Hagse, womit das im Wald hausende Kräuterweiblein gemeint war, der die Heilsubstanzen der Kräuter, aber auch deren Gifte bekannt waren. Diese Hagse, die so genau Bescheid wußte über die Wirkstoffe der Pflanzen und deren Dosierung, die wußte, wie sie anzuwenden waren, um heilend oder tödlich zu sein, war – damit dem früheren Wissen vertraut – höchst verdächtig. Trotzdem wurde die alte, weise Frau noch im Hochmittelalter herbeigeholt und zu Rate gezogen. Auch manch Geistlicher wandte sich bei Krankheit an sie. Schließlich wurde über Haxe und Häxe die gefährliche, bösartige Hexe daraus, die gewohnt war, mit Gift zu hantieren, um Schaden anzurichten und die darum unbarmherzig auf dem Scheiterhaufen zu brennen hatte.*

Der Glaube an die magische Kraft einzelner Menschen, daran, dass diese in der Lage sind, anderen Schaden zuzufügen, gehörte noch im 17. und 18. Jahrhundert zum alltäglichen Denken der Menschen aller sozialen Schichten und ist auch heute noch in Relikten vorhanden. Der Glaube an die böse Macht von Hexen und Zauberern fand durch die Hexenverfolgung und die damit verbundene Inquisition überall rasche Verbreitung. Aus den Töwerern und Töwerschen des Mittelalters machten Kirche und Staat Hexen, die es rigoros auszurotten galt. Der Hexenglaube erhielt in dieser Zeit einen ungeahnten Aufschwung, der sich auch in den überlieferten Sagen der einzelnen Regionen widerspiegelt.

Alfred Haas veröffentlichte in den „Rügenschen Sagen" zahlreiche Beispiele dafür von der Insel Rügen, die vermutlich auf die Verbreitung des „Hexenhammers" über ganz Deutschland zurückzuführen sind und zumeist der Phantasie der Rüganer am Ende des 17. Jahrhunderts entsprechen. *Trotz Aufklärung und Ansätzen zu geistigem Leben steht in Pommern während des 17. und 18. Jahrhunderts der Aberglaube in Blüte. Um ein Geringes ist ein Nachlassen des Hexenglaubens festzustellen. Advokaten kämpfen mutig vor Gericht gegen den Wahn an, Chirurgen lehnen es ab, bei Frauen Hexenmale feststellen zu sollen. Geistliche fordern ein menschliches Verfahren,* schreibt Hellmuth Heyden in der „Pommerschen Kirchengeschichte" (Bd. II, S. 170) über diese Zeit.

Theodor Zorn, der in den 60er Jahren des 19. Jahrhunderts die Halbinsel Mönchgut besuchte und dort offensichtlich die einheimischen Leute nach ihren Vorstellungen zu bestimmten Dingen befragte, veröffentlichte 1870 einen Beitrag über seine Erfahrungen im Jahrbuch „Globus". Die Antworten der Mönchguter auf seine Fragen geben wahrscheinlich ein gutes Beispiel für die Denkweise auch der übrigen Rüganer zu jener Zeit. *Der hervorstechende Zug mönchgutischen Aberglaubens ist der Glaube an Hexen und Hexerei, und die allgemein verbreitete Furcht vor Bezauberung des Viehs, vornehmlich der Kühe und Schweine.*

Zur Zeit ist aber noch eine Hauptsorge des Mönchguters, sein Vieh gegen Behexung zu sichern. Fürs Erste ist er ängstlich bemüht, das Jungvieh soviel als möglich den „Blicken“ Anderer zu entziehen. Durch den „bösen Blick“ allein, ohne leibliche Berührung, ohne gemurmelte Zauberformeln kann die Hexe schaden, den Kühen die Milch verdorren, plötzlichen Tod der Ferkel, Kälber oder anderen Jungviehs herbeiführen. Es ist dieser Glaube uralt … Neuerworbenes Jungvieh wird in der Dunkelheit, außerdem noch durch Säcke verhüllt dem Stall zugeführt. Mehr noch als der bloße Blick wird die Beredung gefürchtet. Es macht keinen Unterschied, ob dieselbe lobend oder tadelnd ist …

In der Walpurgisnacht, der Mönchguter nennt diese erste Mainacht Wolbrecht, … *reisen die Hexen, wie allbekannt, durch die Lüfte zu ihren teuflischen Zusammenkünften. Wer in dieser Nacht, nachdem er sein Haus und seine Ställe durch drei Kreuze gegen jedes Eindringen der Hexen geschützt hat, sich mit einem gefundenen Eggennagel in der Tasche, oder unter zwei dachförmig gegen einander gestellte Eggen auf einen Kreuzweg setzt, der erkennt die zum höllischen Sabbath eilenden Unholdinnen, und mag sich dann vorsehen …*

Selbst die in den Milchschrank gelegten, zauberabwehrenden Donnerpile (Donnerpfeile, Belemniten) und Kröten- oder Immensteine (versteinerte Echiniten, Seeigel) bewähren sich nicht (gegen Hexen). Hexen können auch ohne Blick und ohne Beredung schaden …

Es gab unendlich viele Möglichkeiten, wie man glaubte, sich vor dem bösen Blick oder dem Einfluss böser Geister, vor Hexen und Zauberern schützen zu können. Einige Beispiele sind im Text bereits genannt worden. Manche, deren Bedeutung man sich heute kaum mehr bewusst ist, haben über Jahrhunderte im regionalen Brauchtum ihren festen Platz gefunden. Schaut man sich die Rituale der Feiern im Lebenslauf und im Jahreslauf einmal genauer an, so verfolgen sie in der Regel zweierlei Ziele. Viele von ihnen sollen das Wohlwollen der guten Geister gewinnen oder erhalten, andere wiederum dienten dazu, die bösen Geister, Hexen und Zauberer zu erschrecken und zu vertreiben, ihre böse

Macht zu brechen. Mit Musik, Gebeten, Tänzen, Wohlgerüchen, Opfern, guten Speisen, die teilweise auch als Opfer gedacht waren, guten Taten für die Gemeinschaft, dem Tragen glückbringender Amulette u.v.a.m. wandte man sich an die guten Kräfte, die holden Geister. Mit Lärm, Feuer und Rauch, Gestank und abwehrenden Gebärden wurde versucht, sich vor den negativen Einflüssen zu schützen. Vielfach haben sich dabei die Menschen vermummt, um nicht von den bösen Geistern erkannt zu werden und ihrem Zorn ausgesetzt zu sein.

Haus und Hof schützte man durch das Anbringen positiver Symbole, von denen man annahm, dass die bösen Geister sie meiden würden. Genauso verbreitet war auch der Glaube, dass es Menschen gäbe, die mit den bösen Geistern und Dämonen paktierten, um so zu Wohlstand und Macht über andere Menschen zu gelangen. Ausgeprägte Ängste gab es vor dem Schadenzauber, dem man sich meist hilflos ausgesetzt fühlte. Starb ein Schwein, eine Kuh oder ein Schaf, so machte man dafür einen Nachbarn oder eine Nachbarin verantwortlich, der oder die den bösen Blick hatte oder man sah in irgendwelchen Verhaltensauffälligkeiten Zeichen für einen Teufelspakt.

In dieser Situation fiel der Glaube an Hexen, der sich erst mit der Inquisition wie ein Lauffeuer ausbreitete, vorwiegend in Nordeuropa auf fruchtbaren Boden.

Wer heute aufmerksam das Verhalten seiner Mitmenschen beobachtet, wird merken, dass Reste davon sich bis in die Gegenwart gehalten haben.

Zahlreiche Flurnamen auf Rügen deuten möglicherweise auf Hexenverbrennungen und andere „Hexereien“ hin. Blocksberge gibt es beim Gutshaus Posewald, bei Nistelitz, nördlich des Mönchgrabens zwischen Baabe und Sellin, in der Prora bei Dollahn, im Ralswieker Park, im Park von Juliusruh, bei Gramtitz, nahe Kreptitz auf Wittow, auf dem nördlichen Teil der Insel Hiddensee und in der Wusternitz im Park von Putbus. Diesen Platz hat man im Volksmund auch Hexentanzplatz genannt. In handschriftlichen Aufzeichnungen aus dem Nachlass von Alfred Haas im Universitätsarchiv von Greifswald findet sich der Hinweis, dass nordwestlich von Poseritz auf dem Schmöckberg einst eine Hexe verbrannt wurde, ebenso auf dem Galgenberg bei Kasnevitz und auf dem Jangelberg auf Zudar. Dort soll die letzte Hexe auf Rügen, eine Müllersfrau aus Maltzin, auf einem Scheiterhaufen verbrannt worden sein. Ein schriftlicher Nachweis für diese Annahme fand sich nicht, was jedoch kein Beweis dafür ist, dass die Verbrennung dort nicht stattgefunden hatte.

Die Inquisition hat Rügen erreicht.

Der älteste Nachweis für die gerichtliche Verfolgung von Leuten wegen Zauberei auf Rügen ist in den Aufzeichnungen des Matthäus Normann über den „Wendisch-Rügianischen Landgebrauch" zu Beginn des 16. Jahrhunderts enthalten. In Artikel 218 *Von den Zauberern* in dieser Schrift heißt es: *Obwohl der Tat halber wenige im Fürstentum Rügen sind gerichtet und gottlob wenige beschuldigt* (sind), *viel weniger* (Strafe) *bekamen, so hielten die Alten nichts desto weniger dafür, dass man sie billig und von Rechts wegen sollte verbrennen. In Vorzeiten pflegten wohl etliche alte Weiber für Molkenzauberinnen gehalten* (zu) *werden, und die pflegten zu etlichen besonderen Zeiten sich bei fremdem Vieh, vor fremden Türen, Ställen oder Hecken lassen finden, Eier und anderes Tandwerk ins Feld zu graben, und wenn solche entdeckt oder verdächtigt wurden, so mussten sie solcher Tat abschwören, wo infra purgationibus* (Sühne) *gezeigt wird, wo nicht, mussten sie den Hals lösen* (durch die Zahlung einer nicht geringen Summe Geld sich von einer Leibesstrafe freikaufen). *Es pflegten sich früher bei den Bauern Alraunen, Taufkerzenwachs, bei den Krügern* (Wirten) *Diebesdaumen und andere Totenknochen in den Fässern oder unter den Bierstellungen zu befinden. Diese* (die Besitzer) *mussten zu der*

Zeit, wenn dieses offenbar wurde und sie sich nicht (von dem Verdacht) *reinigen konnten, nach Gelegenheit der Tat von ihrer Herrschaft oder von Fürstlicher Gnaden Amtmann* (dem Landvogt), *wenn die eigene Herrschaft* (darin) *säumig war, den Hals lösen. Die Alten hieltens also, wo einer mit Zauberei* (Liebeszauber) *zwei Personen unter dem gemeinen Mann unehrlich zusammenbrachte, und Magd oder Frau darüber zu Unehren kam, den brannte man* (auf dem Scheiterhaufen), *brachte dieser sonst Leute zum Ehestande zusammen, das durch Gott und die Liebe geschehen sollte, der löse den Hals.* (Der Originaltext ist in vereinfachter Form wiedergegeben.)

Man geht heute davon aus, dass in Deutschland in der Zeit der Hexenverfolgung zwischen 1550 und 1670 etwa 15 000 bis 20 000 Menschen wegen Hexerei auf Scheiterhaufen verbrannt wurden. Für Mecklenburg sind 3957 Prozesse dieser Art nachgewiesen an Hand überlieferter Akten. In Vorpommern sind Akten von 567 Prozessen ganz oder fragmentarisch überliefert, bei denen 88,7 % der Beschuldigten Frauen waren.

Rechtliche Grundlagen für die Hexenprozesse vom Ende des 16. Jahrhunderts bis um 1700

Die Inquisition des Mittelalters war ein von der Kirche geschaffenes Instrument im Kampf gegen das vermeintlich Böse, gegen Widersacher der Kirche, gegen Ungläubige, gegen Überreste heidnischen Glaubens und letztendlich gegen den Teufel. Sie beginnt um die Mitte des 13. Jahrhunderts mit der Absicht, Abtrünnige zum christlichen Glauben zurückzuführen, Gehorsam der Bürger gegenüber dem Willen der Geistlichkeit zu erlangen. Ein Buch mit dem Titel „Malleus maleficarum“ oder „Hexenhammer“, verfasst von Jakob Sprenger und einem Dominikanermönch und Inquisitior namens Heinrich Kramer, genannt Heinrich Institoris, wurde 1486 erstmals gedruckt und später immer wieder neu aufgelegt. Es legalisierte ab etwa 1500 die systematische Verfolgung Andersdenkender durch die weltlichen Gerichte und ist damit wohl eines der unheilvollsten Bücher, die je geschrieben wurden. Durch dieses Buch breitete sich der nur in weiblicher Form genutzte Begriff Hexe fast über ganz Europa aus. Die aus dieser Schrift hergeleiteten, für heutige Denkweisen absurden Überlegungen schürten die Angst und bestimmten das daraus resultierende Handeln mehrerer Generationen auf grausame Weise. Ab 1533 galt in deutschen Landen und somit auch in Pommern als gesetzliche Grundlage für die Hexenverfolgung die Halsgerichtsordnung Karls V., die sogenannte „Carolina".

Die Prozesse begannen in der Regel mit einer Anklage wegen Schadenzaubers. Erst vor Gericht fanden Begriffe wie Hexe, Teufelsbuhlschaft u.a. Verwendung. Der Beweis für die angebliche Hexerei bestand meistens in einem durch die Tortur erpressten Geständnis. Man suchte willkürlich Sündenböcke für Ereignisse wie Unwetter, Unfälle, Krankheiten und den Tod von Menschen und Tieren. Oftmals zog ein Prozess den anderen nach sich, wenn bei der Quälerei der Tortur Namen von Nachbarn genannt wurden, die in der Folge vor Gericht gestellt wurden. Zwei Zeugen reichten aus, um die Anklage vor Gericht zu bestätigen. War erst einmal jemand wegen Zauberei oder anderer ähnlicher Vergehen im Gefängnis gelandet, dann suchte man an dessen Körper nach einem Hexenmal, das den Verdacht bestätigte. Das konnte ein Muttermal, ein Leberfleck, eine Warze oder ein ähnliches „Teufelszeichen" sein. Fand man nichts dergleichen auf dem Körper des Delinquenten, konnten die Richter die Nadelprobe anordnen. Der Angstmann – so nannte man in Pommern den Scharfrichter – stach den oder die Gefangene in Gegenwart eines Gerichtsdieners mit einer Nadel und stellte fest, ob aus der Wunde Blut hervorkam. Blutete die Wunde nicht sogleich, galt das wiederum als Beweis für die Teufelsbuhlschaft. Ein weiteres Zeichen dafür war die Tränenlosigkeit bei der Folter. Auch mit der

„Wasserprobe“, einem seit der Antike bekannten und schon im Sachsenspiegel erwähnten „Gottesurteil“ wurde festgestellt, ob der oder die Angeklagte mit dem Teufel paktierte. Dabei band man der beschuldigten Person die Hände und Füße kreuzweise zusammen, sicherte sie durch ein Seil und warf sie ins Wasser. Wer im Wasser versank, galt als unschuldig, wer jedoch obenauf schwamm, dessen Schuld galt als bewiesen. Vor Gericht verliefen die Verfahren in einem sich regelmäßig wiederholenden Ritual. Man begann mit der Beschuldigung, dann folgte nach der Vernehmung von mindestens zwei Zeugen die Erhebung der Anklage. Ziel des Verfahrens war es zumeist, ein Geständnis zu bekommen. War dieses nicht freiwillig beim Verhör gegeben worden, folgte die Tortur durch den Scharfrichter. Die gelindeste Form der Tortur war das *Zeigen der Instrumente*, um den Beklagten zu erschrecken und ihm zu drohen. Half das noch nicht, die erwartete Aussage zu bekommen, folgte das *Aufsetzen der Instrumente*, verweigerte der Delinquent noch immer ein Geständnis, versuchte man die *mäßige Tortur, das Straffen der Winden und das Festziehen der Daumenschrauben auf der Peinbank, jedoch ohne zuthun etwas feuerwerckes.* Die Stärke der angewendeten Folter lag oftmals im Ermessen des Scharfrichters. Es ist kaum zu glauben, dass bei den Qualen solcher Torturen jemand noch in der Lage war, irgendetwas, was man ihm vorsprach, abzuwehren. Unter solchen Bedingungen haben die Männer und Frauen sicher alles gesagt, was man von ihnen hören wollte. Seit der Mitte des 17. Jahrhunderts scheinen die gestellten Fragen bei der Tortur fast immer die gleichen gewesen zu sein: ob ein Bündnis mit dem Teufel geschlossen worden sei, ob und wohin Blocksbergfahrten stattgefunden haben, ob derjenige zaubern könne, von wem er es gelernt habe, wen er es gelehrt habe, welche bösen Zaubereien im Auftrag des Teufels geschehen seien und vieles dergleichen mehr. Ziel der Befragung war in der Regel nicht, die Wahrheit zur Entlastung des Angeklagten zu finden, sondern ihn zu einem Geständnis einer Schuld zu bringen, damit dann mit aller Härte des Gesetzes gestraft werden konnte.

Bereits im Jahre 1631 war in einem derzeit anonym veröffentlichten Buch von Friedrich Spee von Langenfeld festgestellt worden, dass die angeführten Gerichtsverfahren die Hexen und Hexenmeister erst hervorbringe. Die wenigen Kritiker dieser Rechtspraxis mussten befürchten, selbst auf die Anklagebank gestellt zu werden, wenn sie sich öffentlich dazu äußerten.

Schon im Jahr 1649 erließ die schwedische Königin Christina ein Gesetz für Schwedisch-Pommern, nach dem ... *alle fernere Inquisition und Prozeß in diesem Hexen Wesen eingestellt* werden sollte. Dass dieses Gesetz nicht die volle Beachtung fand, ja möglicherweise den Richtern und anderen Rechtsgelehrten vor Ort nicht einmal bekannt war oder auch von ihnen ignoriert worden ist, beweisen die Prozesse u.a. gegen Grete Albrecht aus Pansevitz von 1661 und gegen Grete Peels aus Bandelvitz von 1662/63 und die anderen zitierten Beispiele aus den Jahren nach dem Erlass des Gesetzes.

Im Jahr 1682 verabschiedete König Karl von Schweden ein Gesetz, mit dem die Hexenverfolgung in Schwedisch-Pommern gänzlich verboten wurde. Sein Titel: „Etliche allgemeine Richter-Regeln, nach welchen ein Richter in seinem Amt sich zu verhalten hat."

Im Paragraph 38 dieses Erlasses geht es um die Hexenverfolgung. Er lautet folgendermaßen:

Keiner mag auf eine Bekänntniß, dazu er durch die Tortur und Peinigung gebracht wird, für schuldig erkannt werden, weilen alle Geständnisse ofte falsch befunden worden, auch mancher, was unwahr, und nimmer geschehen ist, grosser Peinigung und Schmerzen halber, auf sich zu bekennen pfleget: es wäre denn, daß bey solcher Bekänntniß ein so fester Grund und Umstände sich hervor thäten, worauf ein Richter zu sprechen wohl befugt seyn könnte.

Gefordert wird ... *eine große Behutsamkeit und Vorsichtigkeit, damit kein Unschuldiger gemartert wird ... massen es für eine offene Gewalt zu halten, wenn mit der Tortur, als da sind die Jungfer, und andere dergleichen Instrumenten, ein Beschuldigter alsofort angetastet wird, damit doch vielmehr einzuhalten wäre* ... (Dähnert, Urkunden) Die Tortur wird als *offenbare Gewalt und Unrecht* bezeichnet. Die „Jungfer" war ein bei der Tortur häufig benutztes Folterinstrument.

Die Praxis der Hexenprozesse hörte in Vorpommern kurz vor 1700 auf. Die Ausgrenzung von Personen in den Dörfern, denen nachgesagt wurde, dass sie hexen oder zaubern könnten, lässt sich jedoch an etlichen Beispielen bis in die unmittelbare Vergangenheit nachweisen.

Der Verlauf der Hexenprozesse

Es sind einige Akten über Prozesse gegen Personen von der Insel Rügen, die wegen angeblicher Zauberei und Hexerei vor Gericht standen, in den Archiven erhalten geblieben.

In den Universitätsarchiven von Greifswald und Rostock befinden sich sogenannte „Spruchakten". Das sind Unterlagen der Juristischen Fakultäten mit den Anträgen der regionalen Gerichte auf Rechtsberatung in den verhandelten Fällen. Die Landvögte und ehrenamtlichen Gerichtsherren vor Ort sandten nach der Zeugenvernehmung die Unterlagen über die Verhandlungen an die sogenannten Schöppenstühle nach Rostock oder Greifswald und erhielten sachkundige Hinweise von den Juristen der Universitäten, wie in den einzelnen Fällen mit den Delinquenten zu verfahren sei. Eine Aufarbeitung dieser Archivbestände nach Regionen bzw. Orten ist bisher leider nicht vorhanden. So konnten nur die Beispiele für Rügen berücksichtigt werden, die in der Arbeit von Sönke Lorenz (Aktenversendung) genannt wurden. Da die Originalschriften häufig sehr schwer zu entziffern sind, wird ein großer Zeitaufwand nötig sein, alle Unterlagen in den Archiven zu diesem Thema auszuwerten. Im Stadtarchiv von Stralsund ist ein großer Bestand an Gerichtsakten aus dem 17./18. Jahrhundert vorhanden, von denen einige wenige Akten auch Personen von Rügen betreffen. In diesen Fällen handelt es sich um Bewohner rügenscher Dörfer, die zu jener Zeit in Stralsunder Besitz waren. Die Akten des rügenschen Landvogteigerichts, das bis 1806 existierte, sind in den 30er Jahren nach Stettin gekommen. In ihnen befanden sich Unterlagen über drei derartige Prozesse, die schon früher publiziert worden sind und die hier mit vorgestellt werden.

Die aufgezeigten Fälle so genannter Hexenprozesse von Rügen erheben keinen Anspruch auf Vollständigkeit. Es sind Beispiele, die als Zeitdokumente die Denk- und Handelnsweise der Menschen jener Zeit widerspiegeln. Auffallend ist, dass in den frühen Verhandlungen die Bezeichnung Hexe nicht vorkommt. Sie taucht erstmals in dem Prozess im Jahr 1677 gegen Lorenz Petersens Eheweib auf. Offensichtlich gehörte dieser Begriff zunächst überhaupt nicht zum Wortschatz der Leute. Er wurde erst von außen hereingetragen, als die vielen Hexenprozesse in ganz Deutschland sich auch bis zur Insel Rügen herumgesprochen hatten. Die Hauptanklagepunkte sind in der Regel zunächst das Zaubern, Segnen und Böten, wobei dem Segnen und Böten bei den Verhandlungen kaum Beachtung geschenkt wurde. Allein das Zaubern, die vermeintlich durch Zauberei erfolgte Schädigung eines Nachbarn, meistens sogar eines Familienangehörigen, brachte die Leute vor Gericht. Besonders im Fall der Grete List aus Sassitz wird deutlich, dass Neid und Missgunst oftmals zunächst zur Beschuldigung und später zur Anklage mit verheerenden Folgen für die betroffene Person wurden.

Die Juristen der Universitäten empfahlen den Richtern vor Ort die Abfolge der jeweiligen Verfahren und die Höhe und Art der zu verhängenden Strafen. Überstand eine Beklagte, ein Beklagter die Tortur, ohne seine Schuld zu bekennen, konnte erst mit neuen Indizien eine Wiederholung der Folter erfolgen. Die Höhe der Strafen variierte je nach der Bewertung der Straftat. Wer Glück hatte, kam mit der Urfehde davon, das bedeutete, dass der Verurteilte vor Gericht versichern musste, dass er das Urteil annimmt und keinem der Zeugen und Richter aus Rache dafür einen

Schaden zufügen würde. Oft hat man die dazu Verurteilten gleichzeitig des Landes verwiesen. Bei geringerem Vergehen kettete man den oder die Verurteilte für alle zur Abschreckung für einige Zeit an einen Schandpfahl oder Pranger, in Vorpommern Kaak genannt. Galt es durch das Geständnis als erwiesen, dass ein Pakt mit dem Teufel geschlossen war, wurde in der Regel die Todesstrafe verhängt. Häufig verbrannte man die vermeintlichen Hexen und Zauberer in aller Öffentlichkeit auf einem Scheiterhaufen. Es kam jedoch auch vor, dass der oder die Verurteilte zunächst mit einem Schwert geköpft und anschließend öffentlich verbrannt wurde. Wie aus den im Folgenden aufgezeichneten Rechtsfällen ersichtlich, fanden die Verhandlungen in den Gardvogteien bzw. bei den Gardvögten statt, denen die niedere Gerichtsbarkeit auf dem von ihnen betreuten Territorium unterstand. In diesen Fällen schickte das Landgericht aus Bergen einen Richter oder Notar zu den Verhandlungen, der dafür Sorge zu tragen hatte, dass alles nach Vorschrift der geltenden Gesetze und Verordnungen verlief und dass die Verhandlung protokolliert wurde.

Angeklagt wegen Wickerei oder Zauberei. Prozesse gegen Rüganer/innen

1582. Die Goltzesche eine Wickersche?

Der älteste überlieferte Nachweis für einen Prozess gegen eine Frau von der Insel Rügen wegen angeblicher Zauberei stammt aus dem Jahr 1582. Es blieb nur der Teil der Akte erhalten, in dem die Antwort der Juristischen Fakultät der Universität Greifswald auf eine Anfrage von dem Rügener Landvogt Heinrich von Norman formuliert ist, wie die Beklagte zu strafen sei. Da sich das Schreiben an den Landvogt von Rügen richtet, kann man sicher annehmen, dass die betroffene Frau, die Hans Goltzesche, also die Frau oder Witwe des Hans Goltze, von der Insel stammte. Bezeichnend für die Zeit ist es, dass man die Frau vor Gericht nicht einmal mit ihrem eigenen Namen ansprach, sondern sie über die Person ihres Mannes identifizierte. Die Goltzesche stand vor Gericht wegen *gevbter wickerscher verbottene kunst*. Sie hatte einen Nachbarn bezichtigt, Geld von einem anderen Dorfbewohner gestohlen zu haben, einen anderen, er habe jemandem eine *Jope* (Jacke) gestohlen. Möglich ist sogar, dass die Bestohlenen sie gebeten hatten, mit Sieblaufen, Kristallsehen oder auf andere Weise die abhanden gekommenen Sachen ausfindig zu machen. Die Antwort der Greifswalder Juristen fällt für die Beklagte noch recht günstig aus. Die Goltzesche soll wegen *solcher ergerlicher vnd übergloubischer that zehen tage mit waßer vnd brodt jm gefenknuß* verbingen. Danach solle sie in dem Kirchspiel, in dem die Tat begangen wurde, *andern zum abschew offentliche buße thun. Von Rechts wegen!* Die öffentliche Buße erfolgte am Kaak vor den Augen der schaulustigen Bürger der Nachbarschaft.

Aus heutiger Sicht erscheint die Bestrafung doch recht gelinde. Allerdings fällt es schwer einzuschätzen, wie die ganze Angelegenheit von der Dorfgemeinschaft, in der die Goltzesche lebte, aufgenommen worden ist, ob man sie weiterhin in der Gemeinschaft akzeptierte oder ob man nun der „Wickerschen" aus dem Weg ging. Möglich wäre es sogar, dass sie aus der Kirchengemeinde ausgestoßen wurde, wie es andere Beispiele belegen.

Nicht selten wird es gewesen sein, dass man sich der besonderen Fähigkeiten solcher Personen erinnerte, wenn man sie brauchte, sie aber ansonsten kaum beachtete.

1607. Anna Gowe aus Pansevitz – von der Klägerin zur Beklagten

Im ehemaligen Ritterschaftlichen Archiv der Insel Rügen befanden sich Unterlagen über einen Hexenprozess gegen Anna Gowe, die in Pansevitz wohnte. In einem Beitrag in der Zeitschrift „Rügensche Heimat" 1934 (Jg. 11, Nr. 4) hat Alfred Haas sehr ausführlich über diesen Hexenprozess berichtet. Aus seinen Recherchen zu dem Prozess stammen diese Angaben. Anna Gowe kam aus gutem Haus in Ralswiek, war zum Zeitpunkt der ersten Verhandlung seit 17 Jahren verheiratet und hatte sechs Kinder. Gelegentlich kamen Nachbarn aus dem Dorf zu ihr, um Krankheiten besprechen zu lassen. Im März 1607 fand im Gutshaus von Pansevitz ein Gerichtstag statt, an dem Peter Gowe im Namen seiner Frau eine Beleidigungsklage gegen seine Schwester und deren Mann, das Ehepaar Hasse, vorbrachte. Sie forderten, dass die Hasses *an de Kark gestellet, mit Ruten ausgestrichen und der Jurisdiktion des Junkers verwiesen würden – andern zum Abscheu und Exempel.* Anna Gowe fühlte sich zu Unrecht beschuldigt, dem an Krampfanfällen leidenden Sohn ihrer Schwägerin geschadet zu haben. Dessen Mutter hatte festgestellt, dass ihren Sohn Heinrich immer dann die große Krankheit befalle, wenn seine Tante in der Nähe sei.

Anwesend waren bei dem Gerichtstermin folgende Personen: Vorsteher des Gerichtes war der Gutsherr Hans von Krassow (zu Pansevitz und Varsnevitz erbgesessen); als Beisitzer fungierten Claus von Barnekow zu Reischvitz, der Gardvogt Christoffer von Bohlen zu Preßnitz und Henning von der Osten zu Capelle mit seinem Sohn Erich. Als Richter hatte man aus Bergen Hans Hakebeke zur Verhandlung beordert.

Frau Hasse erklärte beim zweiten Termin in dieser Angelegenheit ein halbes Jahr später, im September 1607, zu dieser Anschuldigung vor dem Gericht, dass sie nicht behauptet hätte, die Gowesche hätte „es" ihrem Sohn durch Zauberei angetan, sondern diese Frau habe es ihm *angefloket* (angeflucht). Sobald ihr Sohn die Tante, die Gowesche, sehe, *krö-*

pe (er) *hinter de Zühne wie ein unvernünftiges Thier.* Anna Gowe erwiderte darauf, dass sie dem Sohn der Schwägerin helfen wollte, in dem sie für ihn *aus 9 Scheiden Steine sammelte und herbeibrachte.* In einer späteren Befragung erklärt sie, dass sie sich anfangs geweigert habe, zu dem kranken Jungen zu gehen, weil sie *grob schwanger war.* Auf Zureden ihres Mannes sei sie jedoch bei ihm gewesen und habe ihm den Kopf gedrückt. Mehr wollte sie für ihn nicht tun, aus Angst, dass ihrem Kind dadurch Schaden geschehen könnte. Erst ein weiteres halbes Jahr später, am 1. März 1608, fand der nächste Gerichtstag statt, an dem drei von Peter Gowe benannte Zeugen befragt wurden. Diese bestätigen, dass der Junge beim Anblick der Anna Gowe *sich gewalet wie ein Worm*, er müsse *süken und sohren alse de Pogge up dem Spete* und sei nach ihrem Anblick 2 oder 3 Tage krank gelegen, *dat he von der Welt nicht wüßte und nicht eten oder drinken konde.* (Er habe sich gewunden wie ein Wurm und müsse seuchen und vertrocknen wie ein Frosch am Spieß …)

Daraufhin hat man vermutlich die Anna Gowe ins Gewahrsam gesperrt, denn im April 1609 ward sie zum nächsten Gerichtstag mit gefesselten Füßen vorgeführt. Die ganze Angelegenheit, gegen die sie sich zu wehren versuchte, hatte sich zu ihren Ungunsten entwickelt. Nun war sie zur Angeklagten geworden. Man beschuldigte sie, sie sei mit abergläubischem Segnen und Böten umgegangen. Sie gab zu, dass sie wohl Rat gegeben habe, wenn das Vieh *angelaufen oder geruret* sei und habe dabei die Worte gebraucht:

De morth hett dy geschlagen
Der hillige crist schall dy wedder helpen.
(Die Mahrt hat dich geschlagen,
der heilige Christ soll dir wieder helfen.)

Offensichtlich gab man ihr nun sogar die Schuld an der Krankheit ihres Neffen. Jetzt hatten wohl die Dorfbewohner in der Goweschen einen Sündenbock gefunden, denn es behauptete jemand anderes aus dem Dorf, die Gowesche habe verursacht, dass ihm Kälber und Schweine gestorben seien. Ein weiterer Dorfbewohner meinte, dass sie ihm seine Krankheit angetan habe. Der dritte Zeuge behauptete,

Anna Gowe habe *Leinwand, bunte Lappen und ein Stücklein von einem roten Gewande* begehrt und schließlich befohlen, einen Teil der Lappen *uff einen Crützwegk im Landtwege, den andern Teil uff den Steig nach des Junkers Hofe zu legen*. Erreicht werden sollte damit, dass derjenige, der die Lappen aufheben würde, die Krankheit des Heinrich Hasse bekäme. Offensichtlich hat sie alles in ihrer Macht Stehende versucht, um dem Sohn ihrer Schwägerin zu helfen, allerdings ohne Erfolg. Die Enttäuschung darüber mag den Anlass dafür gegeben haben, dass diese so aggressiv darauf reagierte. Ein Knecht aus Klein Banzelvitz mit einem *Mangel am Bein* bestätigte, dass er bei der Goweschen eine Zeit lang eingelegen habe, um sich von ihr heilen zu lassen. Ein Bruder des Peter Gowe sagte aus, er habe sich von Anna Gowe helfen lassen, als seine Pferde von Schnaken gestochen waren und ihr Böten habe auch Erfolg gehabt.

Wie groß der Zulauf zu den Heilkünsten der Anna Gowe gewesen sein mag, lässt sich aus den erhaltenen Unterlagen kaum noch feststellen. Nachdem die Befragung der Zeugen abgeschlossen war, sandte man die Unterlagen an die Juristenfakultät der Universität Rostock mit der Bitte um Rechtsbelehrung. Im April 1609, also fast zwei Jahre nach dem Beginn der Ermittlungen und ein Jahr nach der Inhaftierung Anna Gowes, fanden die Rostocker Juristen folgende Strafe für angemessen: *Die Gefangene sei in Gegenwart des Angstmannes mit Vorzeigung seiner Instrumente zu terrieren und mittelst der Territion nochmals über die Artikel zu befragen; dafern sie alsdann bei ihrer vorigen Antwort beharren würde, sei sie auf genugsame Kaution aus der Haft zu entlassen … und habe sich fortan des Segnens und Bötens zu enthalten.*

Das bedeutet, dass ihr vom Henker die Folterinstrumente gezeigt wurden und ihr gedroht wurde, diese würden zur Anwendung kommen, wenn sie sich nicht an die Auflage hielte. Sie kann gegen Zahlung einer Kaution aus dem Gefängnis entlassen werden. Fraglich ist allerdings, ob ihr Mann in der Lage war, die geforderte Kaution zu bezahlen. Offen bleibt, wie sich das Leben der Anna Gowe und ihrer Angehörigen künftig in der Dorfgemeinschaft gestaltete.

1612. Vier Frauen vor Gericht in einem Mordfall, *wegen Ihnen beigemessener Zauberej*

Im September des Jahres 1612 geht eine Empfehlung der Juristischen Fakultät Greifwald an *Verordnete Fürstliche Landvögte auf Rügen, Wilcke von Platen und Christoff von der Lancken*, als Antwort auf ein Schreiben mit der Bitte um Rechtsbeistand. Angeklagt sind ein Mann mit Namen Claus Burmeister, seine Frau Grete und die Frauen Anna Dickmanns, Lehene Heidemans und Anne Grabowen, denen vorgeworfen wird, *rath und thadt zu Drewes Dickmanns entleibung gegeben* zu haben. Wenn Claus Burmeister *vor gehegtem Peinlichen gerichte bey seiner gudtlichen bekantnuß freiwillig vorharren* wird, *so kan derselbe mit dem Schwert vom leben zum todte gerichtet* werden. Offensichtlich hatte er sich zu der Tat bekannt, ob freiwillig oder auf der Peinbank, lässt sich nicht feststellen. Die Frauen sollen *mit messiger tortur belegt werden, die beiden alten weiber wegen Ihnen beigemessenen zauberej.* Grete Burmeister wird zudem noch *des bej ihrem tochtermann bejschlafens halber* befragt werden müssen. Wenn sie jedoch *schweres fueßes sej* (schwanger sei), wird die Tortur ausgesetzt, *bis sie ihrer frawlichen burden entbunden und die sechs wochen des kindelbettes vorbej gebracht* habe.

Andere Angaben zu diesem Rechtsverfahren sind derzeit nicht bekannt. Die Frage, ob Anna Dickmann und der offenbar getötete Drewes Dickmann Eheleute waren oder in einem anderen verwandtschaftlichen Verhältnis zueinander standen, ist nicht zu klären.

Dieser Fall wird seinerzeit sicher in der Öffentlichkeit auf Rügen viel Aufsehen erregt haben. Im Zusammenhang mit den Hexenprozessen präsentiert er sich durch die Beschuldigung der beiden alten Weiber, Zauberei angewendet zu haben.(Sönke Lorenz, Aktenversendung, S. 514)

Fraglich bleibt natürlich auch, wie und warum man gemeinschaftlich den Drewes Dickmanns getötet hatte.

1613. Ties Kagelmacher aus Wiek – Zauberer oder Scharlatan?

Am 5. Oktober des Jahres 1613 fanden sich in einem Bürgerhaus in Wiek auf Wittow mehrere Leute zusammen, um über den *wegen berüchtigter Zauberey, Segnerey und anderer böser Thaten* angeklagten Leineweber Ties Kagelmacher Gericht zu halten. Über diesen Prozess berichtete Alfred Haas in „Rügensche Heimat", 2, 1933. Er hatte die Möglichkeit, Akten des Ritterschaftlichen Archivs der Insel Rügen im damaligen Staatsarchiv zu Stettin einzusehen, in denen sich u.a. die Unterlagen dieses Gerichtsverfahrens befanden.

„Der Angeklagte, der eine Zeitlang auch als Pulsant (Glockenläuter) *bei der Wieker Kirche tätig gewesen war, stand auf ganz Wittow in dem Rufe eines ‚klugen Mannes'; er wurde in Krankheitsfällen zu Rate gezogen, sprach seine Bötverse im Flüsterton und traf sonstige Anordnungen, wie sie die Oertlichkeit und die näheren Umstände an die Hand gaben, und es war kein Unterschied, ob es sich um die Erkrankung von Menschen oder Vieh handelte. Man erzählte sich, Ties Kagelmacher habe die Heilkunst, bzw. die Besprechungsformeln von einem alten Mönchguter mit Namen Dummer* (oder Dommer) *gelernt, der vor Jahren einmal zu Kagelmachers erkranktem Bruder herbeigerufen worden war. Dieser Umstand ist bemerkenswert, da die Mitteilung von Besprechungsformeln, wenn sie wirksam sein sollen, sonst nur vom Manne an eine Frau oder umgekehrt von der Frau an den Mann stattfand,* schreibt Alfred Haas. Zu der Verhandlung waren 14 Zeugen geladen, die nun zu Ties Kagelmachers Taten befragt wurden. Aussagen des Beklagten sind in dem Protokoll nicht erwähnt. Die Fragen waren vorher bereits schriftlich fixiert worden. Unter anderem wollte man von den Zeugen wissen, ob der Beklagte segnen, böten und wahrsagen könne, ob er den Teufel beschwören und vorzeigen könne, ob er Spökerei in den Häusern und auf den Straßen anrichten könne, ob er mit Giften umgegangen sei oder gar im Stande sei zu zaubern. Mehrere Zeugen sagten aus, dass er es wohl versucht habe, aber die Erwartungen seiner Kun-

den nicht immer zur Zufriedenheit erfüllt habe. Zu einem der Zeugen soll er geäußert haben, dass er, wenn er wolle, den Teufel wie einen Junker auf einem Ziegenbock leibhaftig vor Augen führen könne. Ein anderer gab an, dass der Kagelmacher gegen eine Krankheit des Viehs *ein Pulver aus einem Beutelchen in den Stall und unter die Stallschwellen* gestreut habe. Ein anderer Zeuge erzählte, dass in seinem Hause der Frau nachts etwas auf das Bett gesprungen sei. *Als sie ihren Mann weckte, fiel es auf die Erde wie ein Laib Brot und „günsete" unter ihrem Bett wie ein Mensch.* Kagelmacher, den man um Rat fragte, habe gemeint, es sei *„Lütke Chimmeken", den er ihnen zugewiesen hätte; wenn sie dessen Willen befolgte, würde sie (die Bauersfrau) Geldes und Gutes genug kriegen, denn Chimmeke hielte viel von dem Frauenvolke.* Drei Donnerstage hintereinander stand das Haus der Bauersleute des Nachts überall voll Feuer, eine *Spökerei*, die nur von Kagelmacher ausgegangen sein könne.

Ein anderer Zeuge gab an, dass in seinem Hause nachts oft ein heftiges Rumoren zu hören sei, als würden leere Tonnen übereinander geworfen, und man habe *etwas Weißes in eines kleinen Mannes Gestalt gesehen*, das Kagelmacher wiederum als den *Chimmeke* deutete. Ein Knecht bezeichnete die Erscheinung als *ein schwarzes Gespenst, als ein Kind ohne Kopf … welches von sich umb geschwebet und endlich zu des Zeugen Bett gekommen wäre und ihn an den Kopf geschlagen hätte.*

Die Witwe des Wieker Pastors Johannes Scheel, 1613 bereits über 70 Jahre alt, gab vor Gericht zu Protokoll, dass sie die Hilfe des Kagelmacher wegen ständiger Kopfschmerzen in Anspruch genommen habe: *Er nahm mir die Mütze ab und strich mir über den Kopf, und andern Tages kam seine Frau und bestrich mir den ganzen Leib mit meinem eigenen Wasser* (Urin). *Als wir über den Hof gingen, stieß Kagelmacher beim Apfelbaum mit dem Fuß gegen einen Erdhaufen und sagte: „Hier ist ein böser Guß gegossen worden, und wenn nicht erstlich zu Eurem Glück ein Vogel* (Star) *darüber geflogen wäre, der das meiste davon bekommen hat, so wäret Ihr schon längst Eurer Sinne beraubt. Ich aber werde dafür sor-*

gen, daß die Zauberin zu Euch ins Haus kommt. Als Lohn erhielt Kagelmacher dafür einen Scheffel Gerste. Als jedoch keine Zauberin erschien, hat er den Scheffel Gerste durch gelegentliche Arbeiten für die Frau Pastorenwitwe abarbeiten müssen.

Auf die Frage an die Zeugen, woher Kagelmacher seine besonderen Kenntnisse habe, wird mehrfach ein Mann namens Dommer oder Dummer von Mönchgut genannt, *ein Weissager, Geldgräber und Zauberer*. Die Witwe Scheel nennt Dommer einen *Weissager und Leutebetrieger*, der Pelzer Derborch gibt an: *Dommer hätte gesagt, daß er's von den weißen Weibern gelernt habe, mit welchen er in den Bergen gewesen sei.* In dieser Aussage werden erstmals die „*Witten Wiwer*", nur auf der Halbinsel Mönchgut überlieferte Sagengestalten, benannt, die in den Zickerschen Bergen bzw. am Zickerschen Ufer beheimatet gewesen sein sollen. Dass Kagelmacher die Heilkunst von dem Dommer gelernt hatte, ist ein Beispiel für die Übertragung der Kenntnisse bezüglich Heilmagie von Mann zu Mann, was eigentlich nicht üblich war. Nach Aussagen der Zeugen hat Ties Kagelmacher in einigen Fällen die Behandlung von Kranken abgelehnt, offensichtlich, weil er genau abschätzen konnte, dass er diesen nicht helfen konnte. In einem Fall habe er geäußert, dem Kranken zu helfen sei so leicht, wie eine Hand auf die andere zu legen; aber er müsse es ablehnen.

Die Zeugenaussagen geben ein anschauliches Bild von der Gedankenwelt der Menschen in dieser Zeit. Viele glaubten an Spuk und kleine Geister wie den Chimmeke oder an die Witten Wiwer ebenso naiv wie an die Heilkunst des Ties Kagelmacher. Aus den Zeugenaussagen ist nicht zu entnehmen, dass eventuell Kagelmacher ein Außenseiter in dieser Gesellschaft war. Leider sind keine Aussagen des Ties Kagelmacher überliefert, mit denen er sich zu den Vorwürfen verteidigte. Ende Oktober 1613 befanden die Rechtskundigen der Juristischen Fakultät Greifswald: *Der Gefangene kann mit mäßiger Tortur über die Inquisitional-Artikel und die Zeugenkundschaft befragt werden; auf seine von einem qualifizierten Notar zu verzeichnende peinliche Urgicht ist erneut eine Belehrung einzuholen.* (Sönke Lorenz, S. 528) Leider sind weitere Unterlagen zum Rechtsfall derzeit nicht zu ermitteln.

Der Chim oder Chimmeke galt als ein kleiner Hausgeist, ähnlich dem Puk. Von ihm erzählte man sich, dass er seinem Besitzer zu Wohlstand verhelfen könne.

1616. Trine Plüggentin kann *handkyken, segnen und böten.*

Im April des Jahres 1616 richtete die Juristische Fakultät der Universität Greifswald an den fürstlich pommerschen Landvogt Christoffer von der Lancken ein Schreiben, in dem mitgeteilt wird, wie im Fall der im Gefängnis sitzenden Trine Plüggentin zu verfahren sei. Diesem Schreiben muss schon ein Kontakt zwischen dem Rügener Landgericht und den Greifswalder Juristen vorausgegangen sein. Kläger in diesem Rechtsfall sind Hans, Michel und Franz Gulitz. Aus welchem Dorf die Kläger und die Beklagte kamen, ist den Schriften leider nicht zu entnehmen. Trine Plüggentin wird beschuldigt, sie habe sich *unchristlichen wahrsagens und wider die Gulitzsche ausgesprengter groben diffamation* schuldig gemacht.

Man empfiehlt dem Landvogt, sie an den Pranger zu stellen, mit Ruten zu streichen und des Landes zu verweisen. Ein weiteres Schreiben zwei Jahre später enthält aus Greifswald Hinweise über das Schicksal der Trine Plüggentin. Sie ist, wie gefordert war, bestraft worden, und man hat sie des Landes verwiesen. Sie zog jedoch nicht fort und hat *das alte handtwerk mit handtkyken* (Handlesen), *segnen undt böten hin undt wieder gebrauchet*, vermutlich, um damit ihren Lebensunterhalt zu verdienen. Man hat sie zweimal ins Gefängnis geworfen, aus dem sie jedoch wieder entwichen sei. Der Landvogt fragt nun an, *ob sie mit einem brandtmahle unter dem gesichte zu zeichnen* (sei), *damit sie an andern örtern so viel mehr erkandt werde, undt die schelmerey nicht von newem wieder anfangen könne.* Das Schöppengericht in Greifswald befindet *für recht, das gemelte Trine Plüggentin wegen gebrochener Urpheide … abermahlen an den Pranger zu stellen, mit Ruthen zu streichen, dar nach die zwehe* (2) *Finger auß der Rechten handt, darmit sie mißgehandelt abzuhauen undt* (sie) *des Fürstenthumbs Pommern mit unseres gnedigen herrn bewilligung zu verweisen sey.* Ein Vermerk auf dem Brief aus Greifswald, der jedoch wieder durchgestrichen war und den Prozess wohl nicht beeinflusst hatte, ist recht interessant. Dort stand, es sei bei der Beklagten *ein Zettel darauf etlige Buchstaben … welche sie zu ihrer Kunst gebrauchet gefunden worden.* Daraus ist zu schlussfolgern, dass Trine Plüggentin schreiben und lesen konnte, was für die Frauen und Mädchen in den Dörfern am Anfang des 17. Jahrhunderts durchaus nicht allgemein üblich war. Über ihr weiteres Schicksal ist nichts bekannt.

1626. Eine Hexe in Sassitz bei Bergen?

Aus Akten des Rügenschen Landvogteigerichtes hat Erwin Aßmann in einem Beitrag in „Sippe und Heimat" (1937, Nr. 6/7) über einen weiteren Rechtsfall von der Insel Rügen aus dem Jahr 1626 berichtet. Vor dem Landgericht beschuldigen Angehörige der Familie Benedicts aus Sassitz ihre Nachbarn, die Thorickes, dass diese ihren Wohlstand nicht auf redliche Weise erworben hätten. Claus Thoricke sei ein *Kälberschlepper*, er habe bis in den Sommer zu dreschen gehabt, während die Benedicts schon um Fastnacht kein Korn mehr zum Dreschen hatten, auch habe der Thoricke viel bessere und stattlichere Pferde, seine Kühe geben mehr Milch und die Magd habe gesehen, *das Thorickesche aus einem Stender, darein 4 eisen Kuhe tidten gestecket, gemolken, und mit einem haren Stricke gantz ungewehnlicher weise gebuttert, und dergleichen mehr.* (Sie habe aus einem Ständer, daran vier eiserne Kuheuter gesteckt, gemolken und mit einem einfachen Strick ganz ungewöhnlicher Weise gebuttert …)

Als Zeugin geben die Benedicts ihre Magd Greta List an. Schon drei Tage später wird die Zeugin vor Gericht verhört. Die zur Verteidigung der Thorickes benannten Zeugen geben an, dass die Greta List faul, neugierig und schwatzhaft sei und bezeichnen sie als *Lauffsack.*

Schließlich kommt bei der Befragung heraus, dass die Benedictsche ihrer Magd Greta List zur Belohnung einen neuen Mantel versprochen hatte, wenn diese gegen die Thorickes aussagen würde.

Greta List wird ins Gefängnis geworfen, weil man fürchtete, dass sie ausreißen würde. Nach mehreren Zeugenvernehmungen hat man die Gefangene zum scharfen Verhör in die Landreiterei gebracht, wo ihr der Angstmann zunächst die Instrumente zeigte. Sie bestätigte nunmehr, dass die Thoricke unschuldig sei und sie zu der falschen Beschuldigung angestiftet worden sei. Auch, nachdem sie auf der Folterbank durch zweimaliges Anziehen der Winde gepeinigt worden ist, blieb sie bei dieser Aussage. Das Urteil, das auf Anraten der Juristen aus Greifswald erfolgte, lautete, dass die Greta List wegen Nachrede der Zauberei des Landes verwiesen werde, nachdem Claus Benedicts Hausfrau mit ihr konfrontiert werden solle, um einen Reinigungseid zu leisten, dass sie die Grete List nicht angestiftet habe. Der Landvogt verzichtete jedoch auf diesen Eid mit den Worten: *Es sei eine lose Magd und nicht wert, dass darumb sollte geschworen werden.* Kurz vor ihrer Entlassung aus dem Kerker und der Ausweisung ist die Magd jedoch aus dem Gewahrsam entwichen, *soll sich itzo zu Alten Campe aufhalten,* heißt es in einer Mitteilung. Damit war sie für das Rügensche Landvogteigericht nicht mehr erreichbar, da Altkamp Stralsunder Besitz war und dem dortigen Rechtswesen unterstand.

Dieser Rechtsfall ist ein typisches Beispiel dafür, wie leicht es sein konnte, durch Denunziation, aus welchem Motiv heraus auch immer, man in jener Zeit einem unliebsamen Nachbarn einen nicht wieder gutzumachenden Schaden zufügen konnte. Sicherlich hätten die Benedicts als Urheber der Denunziation und des Streites viel eher vor Gericht gehört als die unerfahrene Magd, die schließlich bestraft wurde. Eine kleine Episode in diesem Prozess, die den Verlauf der Dinge nicht beeinflusst hat, scheint noch erwähnenswert, da sie Einblick in die Gedankenwelt der Zeit gibt. Die Benedictsche sagt als Zeugin vor Gericht aus, *die Thorikesche habe einen Kreuzschilling, den trüge sie alle vier Wochen auf der Schulter zu einem Kreuzweg; damit könne sie den Blutdaller vertreiben.* Ob das wahr war oder von der Benedictschen ausgedacht, erscheint unerheblich. Es zeigt sich jedoch an diesem Beispiel, dass es durchaus allgemein üblich gewesen ist, derartige Abwehrmittel gegen bösen Zauber bei sich zu tragen. Eine Münze mit einem Kreuz darauf galt als Abwehrmittel gegen Hexen und den bösen Blick.

1653. Hat die Gützlaffsche des Pastors Kinder getötet?

Besonders eifrig bei der Verfolgung vermeintlicher Zauberinnen scheint der Rappiner Pastor Andreas Horn in der Mitte des 17. Jahrhunderts gewesen zu sein. Er bekam 1650 die Pastorenstelle in Rappin, die er bis 1707 innehatte. A. Horn war der Sohn des Swantower Pastors, der ebenfalls den Vornamen Andreas trug. Der junge neue Pastor von Rappin heiratete in seinem ersten Dienstjahr bereits die damals 16jährige Tochter seines Amtsvorgängers Michael Mützow. Henrich Wackenroder (Altes und Neues Rügen, S. 322) teilt über ihn Folgendes mit: *Der Ehe-Stand ward von dem Allmächtigen mit Ehe-Früchten gesegnet, gleichwohl bekümmerte es die lieben Eltern nicht wenig, daß die Erstlinge sothanes Ehe-Seegens durch einen schnellen frühzeitigen Tod die Freude der Geburt zernichtet* (haben). *Es ward aber eine Zauberinn in Verhaft genommen, die diesen Kinder-Mord auf der Tortur gestand, weswegen sie zu Stralsund, unter welcher Stadt Jurisdiction sie gehörete, verbrandt worden. Der Prozess hat den Pastori kein geringes gekostet.* Leider erfährt man nicht, wie die vermeintliche Zauberin die Kinder getötet haben soll. Dass häufig Kinder bei der Geburt oder kurze Zeit danach zu jener Zeit gestorben sind, mag u.a. an den aus heutiger Sicht mangelhaften hygienischen Bedingungen gelegen haben. Gerichtsakten zu diesem schrecklichen Ereignis fanden sich nicht im Stralsunder Stadtarchiv. Aus anderen Gerichtsprotokollen der Zeit erfährt man, wie die Frauen und auch Männer bei der schrecklichen Quälerei der Tortur reagiert haben, wohl auch reagieren mussten. Bei den entsetzlichen Schmerzen, die ihnen zu gefügt wurden, hätten sie alles gesagt, was man von ihnen hören wollte, nur damit der Schmerz aufhörte.

In einem weiteren Fall, für den ebenfalls der Pastor Andreas Horn gesorgt hatte, wird der Name der Beklagten in diesem Prozess erwähnt. Sie hieß Gützlaff und wurde Gützlaffsche genannt. Man erfährt jedoch nicht, aus welchem Ort sie kam und nicht, wo man sie hingerichtet hat. Der Prozess hat vermutlich im Jahr 1653 in Stralsund stattgefunden.

1654. Ist „Pfahlschlagen" eine zauberische Handlung?

Eine untypische Wendung nahm der zweite von Andreas Horn angezeigte „Fall" aus dem Jahr 1654. Eine Nachbarin hatte ihm erzählt, dass eine Frau aus Cartzitz, die Möllersche, das Pfahlschlagen ausgeübt habe.

Alfred Haas (Die Gützlaffsche und die Möllersche) vermutete, dass *wahrscheinlich darunter eine zauberische Handlung zu verstehen* (sei), *durch die einem unliebsamen Nachbarn Schaden an seinem Leibe oder an seinem Vieh oder an seinem Hause zugefügt werden sollte. Da es an einer Stelle der Akten zusammen mit Böten, Stillen und Besprechen genannt wird, so mag es damit nicht eben so arg bestellt gewesen sein.* Pastor Horn hatte sicherlich wie alle Rügener Pastoren Order vom Konsistorium bekommen, derartige Vorfälle sofort bei Bekanntwerden dorthin zu melden. Er teilte den Vorfall zunächst dem zuständigen Superintendenten mit, der ihm riet, das Konsistorium zu informieren. Der Gutsherr von Helle, Marten von Normann, hatte derweil etliche Zeugen zu dem Vorfall vernommen, von denen manche bei dem Vorgang des Pfahlschlagens wohl sogar zugegen waren. Ein Schwager der Möllerschen sagte als Zeuge aus, *sie, die Möllersche, wüßte soviel wie die Gützlaffsche, die wegen Zauberei durch Urteil und Recht gebrannt worden sei.*

Als im Herbst 1654 die Möllersche mit ihrer Familie am Abendmahl in der Rappiner Kirche teilnehmen wollte, wurde sie von Pastor Horn abgewiesen. Nun erhielt die Möllersche jedoch unerwartet Beistand von dem Gutsherrn Joachim von Usedom aus Neuhof (heute wüst, ehemals zwischen Bubkevitz und Schweikvitz gelegen). Dieser richtete eine förmliche Anklage gegen den Pastor Andreas Horn an den Rügener Landvogt, *derselbe habe seine Untertanin die Möllersche wegen Zauberei anrüchig gemacht und durch unzeitige Denunziation beim Consistorium mit Kirchenstrafen belegt; er* (J. v. Usedom) *habe das Pfahlschlagen untersucht und die Angelegenheit für unschuldig befunden und weitere Indicien nicht entdecken können; daher beantrage er, dem Pastor aufzuerlegen, daß er die ausgesprengte Diffamation als wahr erweise, oder falls das nicht geschehe, daß ihm für die Zukunft Silentium auferlegt und die Zulassung der Möllerschen zum Abendmahl anbefohlen werde.* Der Landvogt ging auf diese Forderung ein und verlangte nun vom Pastor Beweise für die Anschuldigung der Möllerschen. Im Oktober 1655 schließlich endete die ganze Prozedur mit einem Vergleich. Der Landvogt gab zu Protokoll: *Weil Ern Andreas Horn, Pastor in Rappin erklärt, dass er nichts wider die Möllersche auszuführen vermöchte, sondern dieselbe sich allzeit als eine gute Christinne bezeiget habe, ihr auch dessen Zeugnis an das Geistliche Consistorium erteilet, so sei die gedachte Inhibition* (Ausschließung vom Abendmahl) *casiret und aufgehoben und also die Sache in Güte aufgegriffen und fürm Königl. Landgerichte vergleichet. Da die mit Unfug beschuldigte Möllersche desfalls einen Schein begehret, so ha-*

be ich denselben hiermit unter meinem Pitschaft und Handschrift erteilen wollen.

Möglich ist, dass ihr Helfer in der Angelegenheit, Jürgen von Usedom, ihr geraten hatte, solch einen Schein zu fordern. Ohne das aktive Eingreifen des Gutsherrn wäre die Sache sicherlich nicht so glimpflich für die Möllersche ausgegangen.

1661. Grete Albrechts Pakt mit dem Teufel

Das Stadtarchiv von Stralsund bewahrt unter zahlreichen Gerichtsakten aus dem 17. Jahrhundert die Unterlagen zu einem Prozess gegen Grete Albrecht, Witwe des Hans Steffens aus Pansevitz bei Gingst, aus dem Jahr 1661 (Rep. 3, Nr. 6372) auf. Bei Gericht angezeigt hat sie vermutlich der Gutsherr, Christian Krassow auf Pansevitz Erbgesessen. Die an die Grete Albrechts gerichteten Fragen sollten zunächst klarstellen, ob sie zaubern könne, bei wem sie es gelernt habe, wen sie es gelehrt habe und ob sie einen *pact mit dem leidigen Satan gemacht habe*. Das Geständnis der Beklagten ist am 7. November 1661 aufgeschrieben worden. Leider geht aus den Unterlagen nicht hervor, unter welchen Bedingungen dieses Geständnis zustande kam, ob es auf der Tortur oder beim Vorzeigen der „Instrumente“ erfolgte. Grete Albrecht gestand, dass sie das Zaubern von einem Weibe namens Wiprecht erlernt habe; Wiprecht habe sich ihr in Gestalt des Teufels vorgestellt, sie habe mit dem Satan fleischliche Inzucht getrieben, sie habe mit Hilfe des Satans Menschen und Vieh Schaden zugefügt.

Es folgt eine Aufzählung dessen, was sie alles angerichtet haben soll:

3 Kälber umbringen lassen, 3 Stück Rindvieh getötet, jemanden ein Bein brechen lassen vor 8 Jahren, vor 6–7 Jahren jemandem ein Auge verletzt (in Mustitz), dem Schreiner Witt durch ihren Geist Jochim (Chim?) *Schaden zugefügt, jemandem ein Schwein in den Soot* (Brunnen) *gestürzt, sie habe demselben durch Gehülfe ihres Geister ein gantz gebraw* (Gebräu) *verderben lassen, den Jacob Schwerten in Grabow durch den Wolff erschreckt, sie habe auf Geheiß ihres Geistes das Gebet unterlassen, sei auf Geheiß ihres Geistes nicht zum Abendmahl gegangen, dass sie auf dem Blocksberg bei Rambin sich lustig allda gezeiget habe.*

Die an den Rändern leicht angekohlte Akte über die Gerichtsverhandlung enthält unter anderem ein Protokoll mit 99 Punkten der Befragung und Ermittlung zu den Taten der Beklagten. So steht zu Punkt 88: *wahr, wie solches gesehen, sie über der Linken brust eines gelbbraunen Fleckes befunden*; zu Punkt 89: *dass man befohlen einen Einstich mit einer Natel zu thun, ob sie auch von dem Stiche schmertzen empfünde, daß dabei aber nicht vermerket, dass …* (sie) *schmertzen empfunden,* (noch) *weniger,* (dass) *bluth darauß geflossen* (sei). Man hat danach sie an anderer Stelle gestochen und festgestellt, dass sie Schmerzen empfinde und auch Blut *sich herfür gegeben.*

Bei einer anderen Befragung sollte sie weitere Hexen nennen, die ihr bekannt seien. Dabei gab sie die Möllersche zu Cartzitz, die alte Jahnsche zu Veikvitz und die Anna Gützlaffsche an, von denen die Möllersche und die Gützlaffsche, wie bekannt, ja bereits vor Gericht gestanden hatten. Grete Albrecht hatte jedoch bei einem anderen Verhör vorher gemachte Aussagen widerrufen und gesagt, dass sie nicht zaubern könne, niemanden kenne, der es kann und dass sie es niemanden gelehrt habe. Im Protokoll steht weiterhin, dass sie es sich gewünscht habe, mit dem Schwert gerichtet zu werden, und dass sie bei den Befragungen trotzig gewesen sei. Am 26. Oktober hat man sie der *mäßigen Tortur unterzogen.* Am 4. November 1661 entschied das Gericht in Stralsund mit Unterstützung der Juristischen Fakultät in Greifswald über das Schicksal der Grete Albrecht. *Dieselbe* (sei) *wegen Zauberey, Teufels Bundnis und mit dem Satan getriebener fleischlicher Unzucht andern zum abscheu und Ihr zu verdienter Straffe mit dem Feuer vom Leben zum Todte zu bringen und hinzurichten sey, von Rechts wegen!* Die Untersuchung des Körpers der als Hexen oder Zauberer Beschuldigten war zu jener Zeit üblich, da man glaubte, Muttermale oder ähnliche Zeichen auf der Haut seien ebenso eindeutige Beweise für ein Bündnis mit dem Teufel wie der Nadelstich in die Haut, aus dem kein Blut fließe. Wo und wann die Grete Albrecht, die vermutlich aus Angst und Trotz die ganzen Missetaten „gestanden" hatte, hingerichtet wurde, ist nicht bekannt.

1662. War Grete Peels mit dem Teufel auf dem Blocksberg?

In den Jahren 1662/63 musste sich Grete Peels aus Bandelvitz, Ehefrau das Casten Möller, vor dem Stralsunder Gericht wehren gegen die Anschuldigung, eine Zauberin zu sein. (Stadtarchiv Stralsund, Rep. 3, 6373) Sie soll ein Pferd so verhext haben, dass es zitterte und bebte. Erst als ein *Doctor* dem Besitzer des Pferdes etwas gegeben habe, was dieser unter die Schwelle des Pferdestalles graben musste, sollte es dem Pferd besser gegangen sein.

Außerdem habe man auf dem Hof ungewöhnliche Fußstapfen mit langen spitzigen Hufen entdeckt, die man nicht zu deuten wusste. Als die Magd dem Bauern das Bett machen sollte, sei darin ein Ding gewesen, so halb als ein Frosch, das sich zusammen gezogen als ein Schwein, das habe sie erschreckt.

Offensichtlich hatte man der Grete Peels die gleichen Fragen gestellt, mit denen schon Grete Albrecht traktiert worden ist: Ob sie einen Pakt mit dem Satan geschlossen habe, welche ihre Mitschwestern seien, wer ihr die Zauberei beigebracht habe, ob sie auf dem Blocksberg gewesen sei und mit wem u.s.w. Grete Peels scheint sich gut gewehrt zu haben, dann das Verfahren gegen sie endete mit einem Freispruch.

1668. Ein *Teuffels-Geschmeiß* machte den Wieker Pastor krank.

Dass man recht willkürlich irgendwelche Menschen für Krankheiten verantwortlich machte, mag an einem weiteren Beispiel von der Halbinsel Wittow um 1668 verdeutlicht werden.

Seinerzeit war dort Christian Spalckhaver der Pastor für das Kirchspiel Wiek. Dieser hatte die Pastorenstelle von seinem verstorbenen Vater 1652 übernommen. Wackenroder (S. 363/64) berichtet Folgendes über ihn:

Wie er etwa 15 Jahre das heil. Amt verwaltet, stieß ihm ein sonderbahrer und ungewöhnlicher Zufall zu. Dann wann er die Predigt auf der Cantzel verrichten wolte, überfiel ihn eine unbeschreibliche Angst, die ihm wenige Worte vorzubringen verstattete, und ihn nötigte nach Stralsund in die Cur eines berühmten Medici sich zu begeben, welcher dieses als ein Affectum Spleneticum (einen Spleen, eine Marotte) consideriret, und nöthige Mittel darwider gebraucht, womit fast 1 Jahr hingegangen. Wenig Jahre nach erlangter völligen Genesung, bekannte ein Teuffels-Geschmeiß auf der Tortur, daß sie dem guten Hn. Pastori dieses angethan.

Es ist kaum anzunehmen, dass der oder die Beschuldigte, *das Teuffels-Geschmeiß*, nach einem sicherlich unter der Tortur erpressten „Geständnis“ mit dem Leben davon gekommen ist. Ein Name oder eine Akte zu diesem Fall scheint nicht mehr vorhanden zu sein.

1677. Ist Lorenz Petersens Eheweib eine *Zauberhechse*?

Der vermutlich letzte Hexenprozess gegen eine Frau von der Insel Rügen fand in Stralsund im Jahr 1677 statt. (Stadtarchiv Stralsund Rep. 3, 6375) Aus den Akten geht nicht hervor, in welchem Dorf die Familie Petersen ansässig war. In den Gerichtsprotokollen ist wiederum eine Liste mit Fragen enthalten, die offensichtlich jedesmal in gleicher Reihenfolge und in gleichem Umfang an die Beklagten bei der Vernehmung gestellt wurden. Frau Petersen wird beschuldigt, das Pferd einer Nachbarin in der Wolbrechtsnacht behext zu haben, so dass es drei Tage später gestorben sei; sie soll weiterhin *mit Taterschen und Zigeuner Weibern umgegangen und sie beherbergt und von ihnen böse und zauberische Künste gelernt* haben; sie soll einen Nachbarn verhext haben, dass er weder gehen noch stehen konnte. Dieser verlangte von ihr, sie solle ihm die Krankheit nehmen oder als *Zauberhechse gestraffet* werden. Frau Petersen habe geantwortet, sie wolle ihm eine *Bremse* (?) *auf die Nase* setzen. Er wurde noch kränker, worauf man sie vor Gericht der *Zauberey* bezichtigte. Hätte sie ihn von seiner Krankheit befreien können, wäre ihr die Gerichtverhandlung möglicherweise erspart geblieben. Um welche Krankheit es sich handelte, geht aus den Akten nicht hervor. Einer Nachbarin soll sie empfohlen haben, eine Weide in einen Pferdeschädel zu pflanzen. Wenn die Weide gut wachse und gedeihe, so bedeute das ein gutes Zeichen für die Frau, die den Setzling gepflanzt habe. In diesem Fall jedoch hatten die Leute im Dorf die Weide nach zwei Jahren abgehauen und in Richtung Haus fallen lassen, womit die glückbringende Wirkung verloren war.

Zur Erläuterung: Die Wolbrechtsnacht ist die Walpurgisnacht vom 30. April auf den 1. Mai, in der nach altem Glauben Geister, Dämonen und Zauberer unter den Menschen umgehen. In der Anklage beantragte man für sie die Wasserprobe, die jedoch von den Richtern abgelehnt wurde. Die Akten zu diesem Rechtsfall sind unvollständig. Man erfährt nicht, ob und wie die Frau Petersen bestraft wurde.

Heilmagie

Der Glaube an Wunderheilungen unter dem Schutz der Kirche zeigt sich in vorwiegend katholischen Gegenden in den Wallfahrtskirchen und -kapellen. Zahlreiche Votivgaben und Votivzettel der Gläubigen werden dort bewahrt, die diese aus Dankbarkeit für die Genesung nach schwerer Krankheit oder nach Unfällen der Kirche stifteten mit der Überzeugung, dass ihre Gebete mit der Bitte um Genesung erhört wurden. Besonders häufig sind diese Votivgaben in den Kirchen, in denen besondere Dinge aufbewahrt werden, die als wundertätig gelten, beispielsweise Reliquien oder Heiligenbilder, von denen man glaubt, dass ein Gebet in ihrem Anblick Kranke heilen könne. Wallfahrtskirchen gab es in vorreformatorischer Zeit auch auf Rügen. So ist überliefert, dass auf der Halbinsel Jasmund bereits 1289 ein Gnadenort gewesen sei, wo eine blutende Hostie bewahrt wurde. Vermutlich handelte es sich um die Sagarder Kirche. An der Kirche von Schaprode *an der Nordseite an dem Pfeiler ist das Marienbild mit dem Jesus-Kindlein in einem optierten Ort mit einem Thürlein und eisernem Gitter an noch wahrzunehmen, von welchem Bilde … erzehlet wird, daß zu päpstlichen Zeiten Wallfahrten dahin angestellet worden,* schreibt Wackenroder (Altes und Neues Rügen, 1730, S. 309). Die Nische, in der das Bild bewahrt wurde, ist noch heute an der Nordseite des Chores außen zu sehen. Der Stralsunder Bürgermeister Berckmann berichtet in seiner Chronik von einem schrecklichen Unglück während einer Wallfahrt 1372 von Stralsund nach Zudar. Bei einem Sturm kenterte das Schiff der Wallfahrer und etwa 90 Pilger, zumeist Frauen und Kinder, die unterwegs waren, um für ihr Seelenheil und für ihre Gesundheit zu beten, kamen in den Fluten ums Leben. Wallfahrtsorte suchte man in jener Zeit auf, um für die Vergebung der Sünden und für das eigene Seelenheil und die Heilung von Krankheiten zu beten. *Die Gnadenstätten waren nämlich zugleich Wunder- und Heilstätten* (H. Heyden, Bd. 1, S. 149).

Neben diesen Wunder- und Heilstätten gab es natürlich zahlreiche Männer und Frauen, die nach überkommenen, alten Heilmethoden Kranke behandelten.

Zu den üblichen medizinischen Behandlungen gehören seit Jahrhunderten u.a. das Einreiben kranker Körperteile mit Salben, die Anwendung von Heilkräutern für Tees oder Tinkturen, das Aderlassen, das Schröpfen und viele andere Heilverfahren.

In diesem Band sollen jedoch vorwiegend die magischen Heilpraktiken vorgestellt werden, die Praktiken der volkstümlichen Heilmagie, für deren Anwendung es besonders aus dem 19. und 20. Jahrhundert noch einige schriftliche und auch mündliche Überlieferungen von der Insel Rügen gibt. In „Meyers Konversations-Lexikon" von 1885, Band 11, Seite 72, findet sich folgende Erklärung zum Begriff Magie: *Magie ist die vermeintliche Kunst, durch geheimnisvolle, übernatürliche Mittel wunderbare Wirkungen hervorzubringen, im allgemeinen gleichbedeutend mit Zauberei.* Im Mittelalter unterschied man zwischen *weißer und schwarzer Magie, je nachdem man den beabsichtigten Zauber durch himmlische oder irdische Kräfte zu erreichen, gute oder böse Geister dazu verwenden zu müssen glaubte. Von großem Einfluß darauf war der Glaube an den Teufel und die ihm zugeschriebenen Geister und die wichtigste und traurigste Folge dieses Wahns war der Glaube an die Teufelsbündnisse.*

Im Bertelsmann-Lexikon von 1990 sind unter den Begriffen Magie und Magier folgende Erklärungen zu lesen: *Magie, Zauberei; die in den Anfängen aller Religionen nachweisbare, das Denken der Naturvölker beherrschende Praxis, geheime Kräfte unter Beachtung eines bestimmten Rituals dienstbar zu machen, als schwarze (böswillige) oder weiße Magie. Das magische Denken ist auch auf höheren Kulturstufen nachweisbar in Formen des sog. Aberglaubens (Amulett, Talisman); Magier … Bez. für Astrologen, Traumdeuter u.a., auch in der Bedeutung von Zauberei.*

Dass es sich bei vielen Methoden der volkstümlichen Heilbehandlung nicht um Zauberei handelt, muss hier nicht weiter erläutert werden. Auch die Forscher im Bereich der

Medizin geben zu, dass sie über die Funktionen des menschlichen Körpers und der Möglichkeiten des Einflusses darauf noch sehr viele offene Fragen haben, die bis heute nicht zu beantworten sind. Magie im herkömmlichen Verständnis ist dabei sicherlich kaum zu finden, und Zaubern ist eben auch nur Illusion. Trotzdem soll in diesem Text der bisher übliche Begriff Heilmagie verwendet werden, um damit in allgemein verständlicher Form über die Praktiken der Heiler und Heilerinnen zu berichten. Die Heiler/innen auf dem Lande haben sich selber nicht als Magier oder Zauberer gesehen. Ursprünglich galten sie als weise, kluge Leute, die auf ihre aus eigener Erfahrung und von den Vorfahren erlernte Weise kranken Menschen und Tieren halfen, sie von Krankheiten heilten oder zumindest die durch Krankheiten hervorgerufenen Beschwerden linderten. Weder die Heiler noch die Kranken noch die Schulmediziner sind heute in der Lage, wissenschaftlich stichhaltig zu erklären, was im Körpers des Heilers und dem des Patienten bei den verschiedenen Heilpraktiken der Volksmedizin vor sich geht. Man denke nur an die Skepsis vieler Mediziner gegen die aus Asien stammende Akupunktur. Heute nennt man solche althergebrachten Heilverfahren ‚Magnetisieren' oder ‚geistiges Heilen' oder das ‚Aufbauen bioenergetischer Felder', ohne näher auf die Wirkungsweisen einzugehen.

Früher hatten die Menschen im Krankheitsfall kaum die Möglichkeit, zwischen studierten Ärzten und praktischen Heilern zu wählen. Der Weg zur nächsten Stadt, in der ein Arzt praktizierte, war meist viel zu weit und zu beschwerlich und es fehlte in der Regel das Geld, um dessen Dienst zu bezahlen. In fast jedem größeren Dorf lebte eine Frau oder ein Mann, der oder die püstern oder böten konnte. Oftmals schickten und schicken auch heute noch Ärzte Patienten, bei denen sie mit ihrem „Latein" nicht helfen konnten/können, zu Heilern zum Behandeln. Derzeit, d.h. im Jahr 2003, kenne ich sieben Leute auf Rügen, die nach alten, überkommenen Methoden Kranke behandeln. Sicherlich gibt es noch mehr von ihnen, die weniger bekannt sind oder auch sein wollen. Ernst Moritz Arndt berichtet in seinen „Schriften an seine lieben Deutschen“ (III. 536) von einem Mann in seiner alten Heimat, *der berühmt war als einer, der Weibern und Mädchen das sogenannte Herzspann wegstreichen konnte. Dergleichen magnetische Wunderleute kommen alle Tage irgendwo in Schwung, welche ausgerufen werden als die da Geschwülste, Verhärtungen, Lähmungen u.s.w. wegstreichen können.* Das Heilen dieser Leute ist noch immer mit Geheimnissen umgeben. Allgemein besteht die Ansicht, man müsse daran glauben, dass sie helfen können, dann würde die Behandlung auch wirken. Andere Patienten lassen es offen, ob sie an die Hilfe glauben, nach dem Motto: „Wenn't nich helpt, so kann't ok nich schaden.“ Sicherlich spielt bei den Heilungen auch die Psyche des jeweiligen Patienten eine wichtige Rolle. Schon die Gewissheit, ‚da ist jemand, der mir seine Zeit und seine Fähigkeiten widmet, der mir helfen will‘, kann oftmals eine Besserung der Beschwerden bewirken. Ärzte nennen das den Placeboeffekt.

Zu den Uebeln, welche der Mönchguter vorzugsweise durch „Besprechen“ zu heilen versucht, gehören Blutung, die Rose oder das „hillige Ding“ und das Fieber bei Menschen und Tieren. Letzterer Krankheit geht er auch nicht selten durch ein Amulett zu Leibe, das der Kranke um den Hals tragen muß, oder das an einen Holunderbusch angehängt wird, schreibt Theodor Zorn in der 2. Hälfte des 19. Jahrhunderts über Mönchgut.

Nicht umsonst sagt man von demjenigen, der Kranken hilft, dass er sie be-*handelt,* was nichts anderes bedeutet, als dass er seine Hand zum Heilen verwendet. Schon diese Bezeichnung weist auf die Bedeutung der Hände des Heilenden, sei es ein Arzt oder ein Heiler im volkstümlichen Sinn, beim Heilen hin. Seit dem 19. Jahrhundert ist die Ansicht verbreitet, dass die Heiler/innen über eine Art Magnetismus in den Händen verfügen, mit dem sie die Heilung bewirken. Die Redensart, ‚eine gute Hand für etwas haben‘ wird in verschiedener Bedeutung gar nicht so selten verwendet. Bei den heilenden Händen wird der Sinn dieser Worte besonders hervorgehoben. Nicht mehr zu klären ist in den meisten überlieferten Beispielen, welche Handlung das leise Murmeln der Sprüche begleitete, welche Geste wie oft und wie lange zur Behandlung gehörte und ob eventuell noch andere Heilmittel, Kräuter und Salben, empfohlen oder verabreicht worden sind.

Wenn man sich stieß oder wenn ein Insekt stach, bei Schmerzen im Arm oder Bein verspürte wohl jeder schon einmal die Wirkung von heilenden Händen am eigenen Körper und merkte, dass allein das Auflegen der eigenen Hand auf die schmerzende Stelle schon Linderung verschaffte. Das Handauflegen oder das Streichen über eine schmerzende Körperstelle sind nur zwei Formen der praktischen Heilbehandlung. Eine andere Art zu heilen ist das Püstern. Wohl jeder hat schon einmal gepüstert oder gepustet oder kennt das zumindest. In der Regel werden die kranken Körperstellen dreimal kreuzweise bepustet oder mit dem warmen Atem angehaucht. Wenn ein Kind weinend angelaufen kommt, weil es sich gestoßen hat, sagt die Mutter oftmals intuitiv zu ihm: „Komm her, ich puste mal drauf, dann tut es gleich nicht mehr weh." In der Regel hören die Kinder dann recht schnell mit dem Weinen auf. Das Pusten und die beruhigenden Worte tun rasch ihre Wirkung. Die Massage und die Akupressur, jedermann wohlbekannt, sind aus der Volksmedizin hervorgegangene Heilmethoden der modernen Medizin. Dass die Heiler/innen in früheren Jahrhunderten ihre Behandlungen durch magische Sprüche und allerlei Rituale begleiteten, mag nicht verwundern. Sie wussten genauso wenig wie wir heute vielfach, womit konkret sie die Heilungen bewirkten. Sie haben das Heilen von Nachbarn oder Angehörigen gelernt, in der Regel von Mann zu Frau und Frau zu Mann oder sie haben irgendwann festgestellt, dass sie heilen können, ohne daß sie es von jemandem lernten. Durch Gebete und/oder Beschwörungen, gerichtet an die Götter und Dämonen, versuchten sie, die einen um Unterstützung bei ihrem Tun zu gewinnen und die anderen als vermeintliche Verursacher der Krankheiten zu vertreiben.

Die Magie birgt in sich logische Gesetzmäßigkeiten, die von dem, der sie kennt und eine gewisse Begabung besitzt, zu sei-

nen Zwecken benutzt werden (kann) ... *Ort, Zeitpunkt, handelnde Person, benutzte Gegenstände, Wörter und Laute, die den jeweiligen Ritus bestimmen, sollen möglichst bereits von sich aus mit besonderer, magischer Kraft erfüllt sein,* stellte Kirsten Sander in einer Arbeit über den „Aberglauben im Spiegel schleswig-holsteinischer Quellen des 16. bis 18. Jahrhunderts", S. 37, fest.

Schon 1930 schrieb Gerhard Staak in einer umfangreichen Arbeit über „Die magische Krankheitsbehandlung in der Gegenwart in Mecklenburg": *Diese Persönlichkeiten* (die Heiler/innen), *welche auf Grund eines besonderen körperlichen Vermögens, das geerbt, angeboren oder erworben wurde, die magische Heilkraft besitzen, erklären die auch von ihnen geübte Beobachtung gewisser magischer Handlungen und Zeiten, ebenso die Anwendung magischer Worte und Mittel als „Biwark"* (Beiwerk), *das ohne weiteres entbehrlich ist. Daß sie doch davon Gebrauch machen, begründen sie mit dem Verhalten des Herrn bei der Heilung des Blinden: ‚Christus hett dat ok makt un harr dat ok nich nörig.'*

Andere Heiler/innen wiederum sind davon überzeugt, dass die Kenntnis der heilenden Zaubersprüche die Voraussetzung für ihre Heilerfolge ist. *Ihre Kenntnis verleiht das Heilvermögen. Tatsächlich ist Krankheitszauber zum weitaus größten Teil Wortzauber ... Die Krankheitsbeschwörungen, immer als „Sprüch" bezeichnet, können nicht neu erfunden werden oder neu geformt werden, sondern sie werden in den einmal und endgültig feststehenden Formeln überliefert, sie werden ererbt.* (Staak, S. 20)

Obwohl es immer wieder hieß, dass die magischen Sprüche nicht aufgeschrieben werden sollten, sondern nur mündlich an die nächste Generation weiterzugeben seien, gibt es zum Glück einige erhalten gebliebene „Brauchbüchlein" oder Zitate daraus, die heute als Quellen für verschiedene Praktiken der Volksmedizin vergangener Zeiten genutzt werden können.

Aufzeichnungen von oder über Heiler/innen der Insel Rügen sind leider nur spärlich vorhanden. Die wichtigste und umfangreichste Quelle ist das „Brauchbüchlein der

Caroline Otte", das im Jahre 1996 von Karin Dosch-Muster, einer Urenkelin der Caroline Otte, in Mainz veröffentlicht wurde. Caroline Otte wurde 1830 in Neddesitz auf Rügen geboren, heiratete 1854 den Müllermeister Wilhelm Engelbrecht aus Capelle bei Sagard und zog mit ihrer Familie 1864 nach Stralsund. In dem kleinen von ihr hinterlassenen Notizbüchlein sind auf *29 handgeschriebenen Seiten 58 Zaubersprüche und 61 Rezepte zur Behandlung von Menschen und Vieh aufgezeichnet,* heißt es im Vorwort des Buches, in dem sowohl der originale Text wie auch die eingedeutschte Variante der Schrift in vollständigem Wortlaut wiedergegeben ist. Ob sich Caroline Otte als Heilerin für fremde Menschen betätigte oder ob die Aufzeichnungen nur der Behandlung der Familienmitglieder dienten, lässt sich leider nicht mehr feststellen. Zahlreiche Anmerkungen und Erläuterungen zu Praktiken und Begriffen von der Herausgeberin machen diese Publikation zu einem wertvollen Kleinod der Rügengeschichte. Ein kleines handgeschriebenes Heft „Nützliches Allerley" von Christop A. Friedrichs aus Silvitz von 1812 mit einigen wenigen Rezepten für die Hausmedizin aus der Apotheke bewahrt das Museum in Garz. Einige Rügener Heilsprüche, vorwiegend aus Garz, hat Ulrich Jahn in seinem Buch „Hexenwesen und Zauberei in Pommern" im Jahr 1886 veröffentlicht und Alfred Haas hat die von ihm auf Rügen gesammelten Heilsprüche in „Beiträgen zur Pommerschen Volksmedizin" in den Blättern für Pommersche Volkskunde im Jahrgang 1899 vorgestellt.

In seiner Arbeit über „Volkstümliche Krankheitsbezeichnungen in Pommern" (1928) erwähnt Alfred Haas ein „Crimwitzer Roßarzneibüchlein" von etwa 1830, das ihm für seine Arbeit zur Verfügung gestellt worden war. In ihm waren offensichtlich neben Behandlungen für die Tiere auch Aufzeichnungen bezüglich der Anwendung bei menschlichen Gebrechen festgehalten. Das Büchlein ist leider verschollen und somit der Wortlaut der Sprüche auch.

Bei Gesprächen mit Nachkommen ehemaliger Heiler/innen wurde mir mehrfach erzählt, dass man die ererbten

Aufzeichnungen verbrannt habe, weil keiner in der Familie damit zu tun haben wollte. Es war nicht üblich, dass die Heiler/innen für ihre Tätigkeit einen Lohn forderten. Jeder legte etwas Geld nach eigenem Ermessen nach dem Behandeln auf den Tisch oder belohnte mit Lebensmitteln aus eigener Produktion. Viele der Heiler/innen gaben an, dass die Behandlung der Kranken für sie eine große Belastung sei, dass sie sich nach dem Heilen eines Patienten wie ausgelaugt fühlen würden und erst ein wenig ruhen müssten, um sich wieder zu erholen. Dem Püstern und Böten haftete und haftet auch heute noch etwas Unheimliches an, etwas Undurchschaubares, das Beklemmung hervorruft. Das ist möglicherweise immer noch ein Relikt aus der Zeit der Hexenverfolgung besonders des 17. Jahrhunderts, als heilen gleich hexen gleich zaubern bedeutete. Erst vor wenigen Jahren erzählte mir eine Frau aus Bergen, dass in ihrer Familie lange Jahre hindurch das „Sechste und siebente Buch Mosis oder der magisch-sympatische Hausschatz" bewahrt worden sei. Es enthält neben zahlreichen Tipps für Haus und Hof, für Mensch und Tier auch Hinweise für den Umgang mit Wünschelruten und auf allerlei seltsame Hantierungen zum Liebeszauber, zur Beschwörung von Waffen und vieles andere mehr. Aber beängstigend ist der Inhalt keineswegs. Als man das Buch im Nachlass des Vaters entdeckte, hat man es schnell ins Feuer geworfen, aus Angst, dass damit Unheil angerichtet werden könne. Bücher dieser Art gab es bereits im 19. Jahrhundert nicht gerade selten in den Familien. Sie wurden auf Jahrmärkten feilgeboten und standen somit jedem, der sie haben wollte, zur Verfügung.

Eine Umfrage des Institutes für Demographie aus dem Jahr 1997, veröffentlicht in der Zeitschrift GEO-Wissen, Nr. 29, S. 165, zu dieser Thematik erbrachte ein erstaunliches Ergebnis. Danach glauben 41 % der Befragten an übersinnliche Fähigkeiten bestimmter Menschen, 32 % sind davon überzeugt, dass es Menschen gibt, die über übernatürliche Kräfte verfügen und 31 % glauben daran, dass es Wunderheilungen bzw. Wunder gibt. Nur 16 % der Befragten äußerten, dass sie an nichts dergleichen glauben würden.

Über den Stellenwert der Heilmagie im täglichen Leben auf Mönchgut, das exemplarisch für ganz Rügen stehen mag, schreibt Fritz Adler (Mönchgut, S. 164):

Tief eingewurzelt war der Glaube an die Heilkraft des Besprechens auf der Halbinsel, und auf den ersten Blick scheint dies dem sonst so nüchternen und praktischen Sinn der Mönchguter zu widersprechen. Aber obwohl ihnen alles Phantastische und Schweifende, ebenso wie das Leichte und Spielerische wesensfremd ist, sind sie infolge ihrer starken Erdverbundenheit in hohem Maße allem Übersinnlichen zugeneigt. So hat sich bei ihnen nicht nur der Glaube an magische Kräfte und Mächte in den verschiedensten Formen des Aberglaubens erhalten, sondern auch das „Zweite Gesicht" ist für sie eine Wirklichkeit, die nichts Ungewohntes und Erstaunliches bedeutet.

Theodor Zorn schrieb 1870 über die Mönchguter, die er offensichtlich ganz gezielt zu ihren Vorstellungen über Heilmagie befragt hatte: *Weder Arzt noch Thierarzt sind in Mönchgut vorhanden. Da schon aus einmaligem Besuche der weit Herzuholenden* (Ärzte) *Kosten bis zu fünf Thaler erwachsen, so werden sie selten zu Rate gezogen. Schäfer und Kuhhirt müssen in den meisten Fällen aushelfen, so gut ihr chirurgisch-pathologischer Apparat zureicht, der sich aus langer Erfahrung, Benutzung einiger vieharzneilicher Bücher, hauptsächlich aber aus der Kenntnis einer Fülle kräftiger Geheimsprüche und sympathetischer Mittel zusammensetzt … Statt rationeller ärztlicher Hülfe wird das Arsenal der Gegenbeschwörungen, Hausmittel und sympathischen Kuren gegen das Unheil aufgeboten.*

Die Heiler/innen vergangener Jahrhunderte, die oft die einzigen Helfer im großen Umkreis in ländlichen Gegenden waren, wenn jemand krank war, genossen im frühen Mittelalter in den Dorfgemeinschaften großes Ansehen. Sie heilten nach Methoden, die auf den Erfahrungen zahlreicher Generationen vor ihnen aufbauten. Sie kannten die Kräuter, die man gegen vielerlei Gebrechen einsetzen konnte, und wussten um deren Zubereitung und Dosierung. Sie wussten, wann die Kräuter zu pflücken sind, welche Teile von ihnen am wirksamsten helfen würden und wie oft sie bei welchem Leiden anzuwenden waren, bis sich eine Besserung einstellte. Erst mit der Hexenverfolgung besonders im 16. und 17. Jahrhundert machte man sie zu „Töwerern“ und „Töwerschen“ (Zauberern und Zauberinnen), deren „Künsten“ man nicht trauen sollte und von denen nun gesagt wurde, dass sie „teuflische“ Dinge treiben würden und den Menschen Schaden zufügen wollten, dass sie ihre vermeintlichen Zauberkünste nicht zum Nutzen der Menschen, sondern zu deren „Unheil“ anwendeten. Dass nicht alle Leute an diese magischen Heilbehandlungen und ihre Wirkung glaubten, beweist u.a. der ironisch gemeinte Spruch:

Ik still di mit de kolle Hand,
wo schitt de Hund, wat steuwt de Sand. *mdl. aus Bergen*

Geister und Dämonen – Verursacher von Krankheiten

Krankheiten wurden ursprünglich als Unheil angesehen, im Sinne des Wortes „un heil“, nicht heil, das den Menschen durch böse Geister und Dämonen zugefügt wurde. Erst mit dem Aufkommen des Teufelsglaubens und der unsäglichen Verteufelung der vermeintlichen Hexen und Zauberer kam die Vorstellung auf, dass diese Frauen und Männer imstande sein sollen, den Menschen und Tieren Krankheiten anzaubern zu können, ihnen mit magischen Worten, Flüchen, Gesten und Gegenständen oder etwa mit dem „bösen Blick“ etwas antun zu können oder gar schon getan zu haben.

Jacob Grimm äußerte in der „Deutschen Mythologie“ (4. Aufl., S. 674) bereits in der Mitte des 19. Jahrhunderts: *Einzelne Beispiele aus diesem verachteten Reichtum unserer Sprache lassen erkennen, wie das Volk mythische Vorstellungen mit dem Ursprung der Krankheiten verband. Gleich anderen Übeln schienen sie ihm durch die Götter, Geister und*

Zauberer verhängt und verursacht, ja selbst lebendige, feindselige Wesen geworden.

Alfred Haas bringt ein Beispiel von Rügen über die Auffassung, dass Krankheit als Strafe verstanden wurde, in „Pommersche Volksmedizin“: *Man glaubt, dass die Kinder, die am Veitstanz leiden, von Gott mit dieser Krankheit bestraft sind, weil sie in kindlichem Übermut die infolge hohen Alters unbeholfen und linkisch gewordenen Bewegungen ihrer Eltern oder Großeltern nachgeäfft haben.*

Wurden Kinder mit äußerlich sichtbaren Behinderungen geboren, z.B. einem Klumpfuß, einer Hasenscharte, einer Fehlstellung der Augen oder gar mit sechs Fingern an der Hand, so schob man das darauf, dass die Mutter sich während der Schwangerschaft *versehen* oder vor etwas *erschreckt* habe. Auch der Glaube, dass solche Kinder Wechselbälge seien, die den Müttern von Zwergen untergeschoben worden sind, war weit verbreitet. Von Geisteskranken und auch Epileptikern glaubte man, dass sie vom Teufel besessen wären. Als Krankheitsdämonen galten auch die in den Sprüchen genannten Würmer. So wurde der Fingerwurm als Verursacher der *Adel,* der eitrigen Entzündung an einem Finger, angesehen.

Schon der im ersten Abschnitt zitierte Bischof Helmold von Bosau schrieb in der Mitte des 13. Jahrhunderts in der Slawenchronik (Kap. 55): *Wer wüßte auch nicht, dass Kriege und Stürme, Seuchen und andere dem Menschengeschlecht feindselige* (Mächte) *aus dem Wirken der bösen Geister entstehen.*

Manche Tiere galten als Unheilbringer. Dähnert schrieb im Plattdeutschen Wörterbuch (S. 374): *Rawe heißt das Harte auf einem Geschwür. Dat hett' n Rawe* (Rabe) *settet.* Arndt warnt u.a. vor einigen Vogelarten: *Mit dem Kukuk, der Eule und der Aelster* (Elster), *die Zaubervögel sind, soll man sich mit Worten und Fragen in Acht nehmen, dass man sich nicht verstricke.* (Zit. bei Heckscher, S. 119)

Der Stralsunder Bürgermeister Sastrow schrieb in sein Tagebuch über seinen Bruder Casten (I. S. 24): *Dem hat in seinen jungen Jahren die böse Krankheit* (Epilepsie) *ofterma-*

len gar hart angestossen; man ist der Meinung gewesen, dass es daher verursacht, das die Mutter, dieweil sie mit ihm daß mal schweres Fusses gegangen (mit ihm schwanger war), *sie sich an dem grewlichen Gebeer der Magdt, so vom Teuffel leibhaftig besessen, entsetzt habe. –*

Als die heidnische Zauberei des Nordens durch das Christenthum umgestaltet ward, glaubte man, viele Krankheiten entspringen aus einer Art teuflischer Besessenheit, die in verschiedenen Theilen des Landes ihren Sitz habe, und die Heilung erfolge, wenn man den Teufel zwinge, in irgend einen anderen Menschen oder (ein) *Thier zu fahren,* schreibt Arndt in den „Nebenstunden". (zit. bei Heckscher, S. 90). An anderer Stelle führt er das Beispiel der Epilepsie an, die allgemein als eine „heilige Krankheit", eine von Gott geschickte Krankheit, betrachtet wurde, dass man *Wahnwitzige und Epileptische oft als Heilige und Lieblinge der Götter geehrt und ihr elendes Dasein unter diesem frommen Glauben in Schutz genommen habe.* (Heckscher, S. 91)

Zu den Krankheitsdämonen gehörten sicherlich auch die Mare oder Mahrt und der Marteler (s. S. 42). Das von ihnen hervorgerufenen Leiden nannte man das Mareriten oder Morerieden. *E(h)r hett de Mare reden. Der Alp hat sie gedrückt* (Dähnert, Plattd. Wörterb. 298), sagte man, wenn jemand am Morgen schweißgebadet in seinem Bett aufwachte und sich fühlte, als sei er die ganze Nacht durch gequält worden. In einer Rügenschen Sage über den *Aufhocker am Kollschen Stein* (A. Haas, Rügensche Sagen, 5. Aufl. 1920, S. 8) wird von einem Mann erzählt, dem in der Nähe dieses genannten Steines zwischen Sagard und Polchow etwas auf den Nacken sprang und so schwer auf ihm lastete, *daß er sich nur mit äußerster Anstrengung vorwärts bewegen konnte. Der Angstschweiß brach ihm aus, und mühsam setzte er einen Schritt vor den anderen … So kam er endlich an den nächsten Kreuzweg und dort sprang der Aufhocker von seinem Nacken herunter. Als der Mann in Polchow ankam, war er wie gebadet in Schweiß und hat vierzehn Tage zu Bette liegen müssen, bevor er sich wieder völlig erholt hatte.* In Vorpommern werden laut Haas mit „Hilg" und „dat hilge Ding“ die Rose und eiternde Geschwüre bezeichnet, während Epilepsie die „fallende Sucht“ genannt wurde. Eine Zusammenstellung „Volkstümlicher Krankheitsbezeichnungen aus Pommern“ veröffentlichte Haas in den Monatsblättern der Gesellschaft für Pommersche Geschichte und Altertumskunde im Jahr 1928. *Diese Namen, die sich durch mündliche oder zuweilen auch schriftliche Überlieferung von Generation zu Generation bis zur Gegenwart weiter vererbt haben, stammen noch aus der Zeit, als die Behandlung der Krankheiten, und zwar der menschlichen ebenso wie der tierischen Krankheiten, lediglich der Volksmedizin überlassen war, als die klugen Frauen ihre Heilsprüche, die sogenannten Bötreime oder Besprechungsformeln herbeteten oder Schäfer, Scharfrichter, umherziehende Quacksalber u.a. ihre Salben und Mixturen an den Mann brachten.*

Erst seit wenigen Jahrzehnten weiß man von einigen wenigen Krankheiten relativ genau, wie sie im Körper entstehen, dass z.B. Viren oder Bakterien ihre Verursacher sind, dass sie von Mensch zu Mensch und von Tier zu Tier und manchmal auch von Tier zu Mensch übertragen werden können. Aber die Vielzahl der Forschungskliniken und Forschungsprojekte von Medizinern und Pharmazeuten ist auch Beweis dafür, dass es noch unendlich viele offene Fragen zu Krankheit und Gesundheit, natürlicher Alterung, Anwendung medizinischer Behandlungspraktiken und vielen anderen Themen des menschlichen Lebens gibt, auf die eine Antwort gefunden werden muss. Man beginnt erst jetzt, sich mit wissenschaftlichen Methoden der Wirkung der Jahrhunderte alten Heilmethoden aus nah und fern zu befassen, wie es das Beispiel der aus Asien übernommenen Akupunktur beweist. Große Pharmaziekonzerne schicken Mitarbeiter in die Dörfer in aller Welt, um nach Heilpflanzen zu suchen und deren Wirkstoffe zu erforschen für die Heilung von Krankheiten. Etliche akademisch ausgebildete Mediziner lehnen Behandlungen nach den alten volkstümlichen Heilmethoden als Scharlatanerie ab, obwohl bisher noch nicht einmal wissenschaftlich nachgewiesen wurde, wie diese Behandlungen in einem kranken Körper wirken.

Andere bemühen sich, durch Kontakte zu den Heiler/innen bei diesen zu lernen, ihre Erfahrungen in die eigene Tätigkeit einzubeziehen. Auch zu Beginn des 21. Jahrhunderts schicken Ärzte und Ärztinnen Patienten mit Warzen, Ekzemen, der Gürtelrose und anderen Krankheiten zu den Heiler/innen in ihrem größeren Umfeld. Und das nach Aussagen vieler Patienten mit großem Erfolg. Es gibt bereits zahlreiche Statistiken, in denen wissenschaftlich nachgewiesen wird, wie viele Patienten durch eine falsche Diagnose bzw. Behandlung oder durch die Verabreichung falscher Medikamente von Fachmedizinern geschädigt sind. Natürlich gibt es auch unter den Naturheilern „Scharlatane" und „Quacksalber". Aber sie alle mit solchen Bezeichnungen abzuwerten und zu diskriminieren ist sicherlich der falsche Weg. Es gilt immer noch der Grundsatz: Wer heilt, hat Recht!

Erst im Jahr 2003 hat erstmals eine Klinik in der Schweiz eine Heilerin im herkömmlichen Sinne eingestellt, die bereits nach wenigen Wochen Erfolge vorzuweisen hatte, über die ihre akademisch geschulten Kollegen nur staunen konnten, berichtete kürzlich ein Beitrag im Fernsehen zu diesem Thema. In Großbritannien wird die Akupunktur bereits von den Krankenkassen anerkannt. In Deutschland übernehmen erst einige wenige die Behandlungskosten für die Akupunktur bei besonderen Fällen der Schmerzbehandlung, beispielsweise bei Migräne. Immer mehr Ärzte interessieren sich für die praktischen Heilmethoden der Heiler/innen in aller Welt und versuchen, von ihnen zu lernen, sich ihre Erfahrungen zunutze zu machen und deren Geheimnisse zu entschlüsseln.

Man benutzt im täglichen Umgang miteinander vielerlei Redensarten, in denen die Wirkung von Fühlen, Denken und Handeln auf das körperliche Befinden zum Ausdruck gebracht wird, ohne dass man sich das bewusst macht. Einige Beispiele sollen das belegen:

Liebe geht durch den Magen; man ist von Sorge gedrückt oder gebeugt oder zerfressen; etwas weitet den Blick, öffnet oder trübt das Auge; das Herz lacht oder weint über etwas; ein Schreck geht einem unter die Haut oder fährt einem in die

Glieder; vor Schreck gelähmt sein; mit jemandem mit leiden; von Gram gebeugt sein; eine Last auf den Schultern haben; sich aalen vor Behagen; einen Kloß im Hals haben; brägenklütrig sein; sich Kummerspeck anfressen; mit zitternder Stimme sprechen; den Kopf voll haben; das Blut in den Adern gerinnen lassen; mit Leib und Seele bei einer Sache sein; jemandem ist eine Laus über die Leber gelaufen; auf wackeligen Beinen stehen; jemandem fehlt der innere Halt u.v.a.m.

Die Erläuterung dieser Redensarten erübrigt sich, da sie sicher jedem Leser geläufig sind. Aber sagen sie nicht auch viel aus über das Wechselspiel zwischen der Umwelt, der Lebenssituation, der Psyche und der Gesundheit der Menschen?

Wortmagie

Beschwörungen von Krankheiten gehören zu den ältesten Schriftzeugnissen der Menschen überhaupt. Im alten Mesopotamien fand man vor Jahren bei Ausgrabungen kleine mehr als 6 000 Jahre alte Tontäfelchen mit Keilschrifttexten, die Bitten um Heilung und Hilfe an die Götter enthielten.

Die geheimnisvolle Macht jener Wörter liegt für den Abergläubischen in der Unverständlichkeit, dem Rhythmus, im Reim, in der Abfolge von Vokalen und Konsonanten. Sie sind mit dem Zaubergerät vergleichbar, das sonst keinem sinnvollen, alltäglichen Zweck dient. (Önnerfors, Antike Zaubersprüche, S. 8)

Schon Plinius d. Ä. (23–79 n. Chr.), einer der bekanntesten römischen Universalgelehrten im 1. Jahrhundert nach der Zeitenwende, war sich nicht sicher, ob magische Worte etwas bewirken könnten. Er äußerte sich zu dem Problem vor fast 2000 Jahren bereits folgendermaßen: *Das erste von allen dem Menschen entnommenen Heilmitteln unterliegt der großen, immer schwer zu entscheidenden Frage, ob Be-*

sprechungen und Beschwörungsformeln Kraft besitzen. Wenn es wirklich so wäre, dann müßten diese Mittel dem Menschen willkommen werden; allein die weisesten haben ihm ohne Ausnahme jeglichen Glauben abgesprochen, obwohl die Menschen im allgemeinen zu jeder Stunde daran glauben, auch ohne irgendwelchen Einfluß zu spüren.
(zit. bei Önnerfors, S. 9)

An dieser Meinung hat sich im Laufe zweier Jahrtausende kaum etwas geändert.

Einer der ältesten überlieferten Heilsprüche im deutschsprachigen Raum ist der Spruch zwei der beiden Merseburger Zaubersprüche von etwa 750 n.Chr. (in hochdeutsche Sprache übertragen, nach Behringer, Hexenprozesse, S. 23):

Phol und Wodan ritten in den Wald. Da verrenkte sich Balders Fohlen den Fuß. Da besprach ihn Sindgund und Sunna, ihre Schwester, da besprach ihn Frija (die Göttin Freia) *und Volla, ihre Schwester, da besprach ihn Wodan, so gut er es konnte:*

Wie die Verrenkung des Knochen
so die des Blutes
so die des ganzen Gliedes!
Knochen an Knochen, Blut zu Blut,
Glied an Glied
als ob sie zusammengeleimt wären!

Die handelnden Gestalten in diesem Heilspruch sind aus der nordischen Mythologie entlehnt.

Da es auch heute noch nicht wissenschaftlich nachweisbar ist, ob überhaupt und wie magische Beschwörungen auf den kranken Körper bei den Heilbehandlungen wirken, sollen hier nur die überlieferten Beispiele von Wortmagie von den Heiler/innen von Rügen vorgestellt werden. Der auch heute weit verbreitete Glaube an die Wirksamkeit der Wortmagie zeigt sich besonders deutlich an dem Beispiel von Jerusalem. Dort stecken die Gläubigen auch heute noch Zettel mit ihren Wünschen und Gebeten in die Spalten zwischen den großen Steinquadern der Klagemauer, in der Hoffnung, dass sie von Gott erhört werden.

Die von dem Historiker Alf Önnerfors zusammengetragenen „Antiken Zaubersprüche“ lassen bei einem Vergleich mit den überlieferten Heilsprüchen aus ganz Deutschland und teilweise eben auch denen von der Insel Rügen zahlreiche Parallelen erkennen. Es gibt Sprüche, die fast den gleichen Wortlaut enthalten. Das macht deutlich, dass der Austausch über magische Heilbehandlungen, ihre Anwendung und ihre Erfolge, in ähnlicher Form über weite Teile Europas und über viele Jahrhunderte stattgefunden hat bzw. noch stattfindet.

Die magischen Sprüche bei einfachen Behandlungen konnten u.a. an die Heilmittel gerichtet sein, z.B. an die Heilkräuter oder an die beim Heilen verwendeten Gegenstände, an das Tier oder den Baum, auf den die Krankheit übertragen werden sollte.

Richtet sich der Inhalt des Spruches direkt an die Krankheit, so ist eher der Krankheitsdämon damit gemeint, den man austreiben will, verstanden auch im Sinne von Exorzismus, Geisteraustreibung. Die an die Krankheit gerichteten Worte sind in der Regel in Befehlsform oder als Drohung formuliert.

Beim Beschwören oder Bannen wird der Krankheitsdämon aufgefordert, den Kranken zu verlassen, zu verschwinden oder sich in ein anderes Medium zu begeben. *Fahr heraus, tu weichen, ich stille dich, stehe still, du sollst stehen, ich nehme diesen Stein und vertreib dir die Pein* sind einige Beispiele von Caroline Otte dafür. Andere Sprüche ähneln eher einem Gebet, in dem die Wunden Christi am Kreuz angesprochen werden. Aus dieser Art des Besprechens ist vermutlich der Begriff „Böten“ entstanden, der als bitten oder beten verstanden werden kann. Seit der Ausbreitung des Christentums über Europa im 6./7. Jahrhundert tauchen in den Heilsprüchen christliche Formeln auf, die bis heute unverändert beibehalten sind. Die Sprüche enden in der Regel mit dem Anrufen der heiligen Dreifaltigkeit: *Im Namen Gottes des Vaters, des Sohnes und des heiligen Geistes* und dem dreimaligen Zeichen des Kreuzes. Ein Amen wird selten gesprochen. Eine andere Form der Beschwörung stellt das Erzählen einer kleinen Geschichte im Stil einer imaginären Gerichtsverhandlung dar, in der die Krankheit bzw. der Krankheitsdämon Verlierer ist und der Aufforderung nachkommen soll zu verschwinden.

Eine ähnliche Bedeutung hat der Scheidezaun, an dem die Krankheit aufgefordert wird, sich von dem Körper des Kranken zu trennen.

Das Abschreiben und Abbinden von Krankheiten

Eine Form der Wortmagie ist das Abschreiben einer Krankheit. Dabei schreibt man den Heilspruch auf einen Zettel, der dann ganz klein zusammengefaltet an einem Bändchen um den Hals oder in einer Tasche der Kleidung eng am Körper getragen wird. Solche Zettel wurden vorwiegend gegen alle Arten des Fiebers benutzt und heißen deshalb im Volksmund auch Fieberzettel. Erwähnt wird auch das Vergraben solcher Fieberzettel, damit die Krankheit vergeht wie das Stück Papier im Erdboden. Das Vergraben durfte man nur abends im Dunkeln an einer Stelle vornehmen, *wo nich Sünn noch Mand hen schient.* Caroline Otte hat gegen das „alltägliche Fieber" magische Worte auf einen Pfefferkuchen geschrieben und dem Kranken entsprechend ihrer Anweisung *alle Tage eine Rei(h)e davon nüchtern eingegeben.* So wie das Wort jeden Tag etwas kürzer ward, so sollte auch die Krankheit Tag für Tag abnehmen. (Nr. 85) Das von ihr aufgeschriebene Wort ergibt heute keinen erkennbaren Sinn. Es ähnelt dem uralten Zauberwort Abrakadabra oder der sogenannten Sartor-Formel, einem Wort, das sich aus den gleichen Buchstaben mehrfach verändern und vorwärts und rückwärts lesen lässt und das ebenfalls als Zauberwort galt. In Bleitäfelchen gravierte Beschwörungstexte in heute unverständlichen Abkürzungen dienten früher Ärzten oder Badern zum Kühlen von Geschwulsten. Ein sol-

a. b.

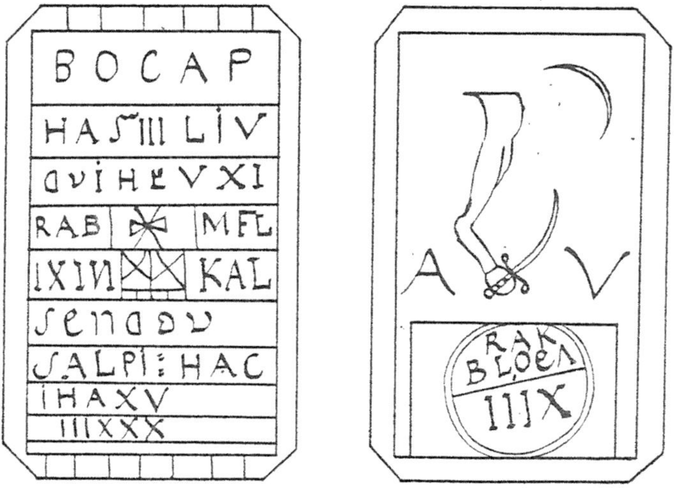

Schiefertäfelchen aus der Nähe von Binz (Vorderansicht und Rückansicht), gefunden um 1830

ches Täfelchen aus Schiefer mit magischen Buchstabenreihen und uns heute unverständlichen Symbolen wurde um 1830 bei Binz auf Rügen gefunden. Über den Fund berichtete ein kleiner Beitrag in den Baltischen Studien I von 1832. Leider ist das Täfelchen verschollen und somit für die heutige Forschung nur noch als Abbildung verwendbar.

Ein Beispiel für das Abbinden von Krankheiten bringt Theodor Zorn von Mönchgut:

Gegen den Knirrband, d.h. gegen rheumatische Gelenkschmerzen oder Anschwellungen wird das Umwickeln des kranken Gliedes mit rother Patenbriefseide für recht wirksam erachtet. Noch heilsamer soll freilich sein, wenn der Geplagte sich von einer Frau, welche Zwillinge gebar, einen Faden links herum um das Gelenk spinnen läßt; oder wenn er sich in ein Zimmer begiebt, wo gesponnen wird, der Spinnerin schweigend den Spinnradfaden stiehlt, und sich ebenso schweigend entfernt, ohne auf das Schelten der Beraubten zu achten. Solcher Faden ist herrliche Medizin. In diesem Beispiel hat das Mittel zum Heilen, der rote Seidenfaden, zweierlei magische Aufwertung erfahren. Einmal versinnbildlicht er als Patengeschenk an die Mädchen den Schicksalsfaden, den Lebensfaden (den Jungen wurde auf Mönchgut ein Haar aus einem Pferdeschweif in den Patenbrief gelegt). Zum anderen hat die rote Farbe seit Urzeiten eine aufwertende, mystische Bedeutung. Auch das Spinnen war mit alten Glaubensvorstellungen verbunden. So sollte beispielsweise in den Zwölften (die Tage zwischen Weihnachten und dem 6. Januar) auf gar keinen Fall gesponnen werden und das Spinnrad musste in der Zeit vollkommen abgerüstet sein.

Das Suchtenbrechen

Eine wenig geklärte Heilmethode ist das Suchtenbrechen.

Enem de Suchten bräken. Dieses volkstümliche Heilverfahren besteht darin, daß der Heilkundige, meist ein Schäfer oder Schmied im Dorfe oder sonst wer, in den Wald geht und sich dort verschiedene Zweige abpflückt. Diese Zweige bricht er entzwei, und an der Art und Weise, wie sie brechen, erkennt er die Krankheit des Betreffenden. Frl. E. Haas

(Haas, PVM, 188)

Laut Handbuch des Deutschen Aberglaubens sollen es neun Hölzer von Bäumen sein, deren Früchte keine Kerne haben. Als besonders wirksamer Zeitpunkt für das Brechen der Hölzer wird *afnähmen Maand* genannt. Diese Heilmethode ist für Rügen nur einmal erwähnt worden und scheint im 20. Jahrhundert kaum noch üblich gewesen zu sein.

Der ehemalige Binzer Schmiedemeister Paul Dröse, gestorben etwa 1958 im Alter von 75 Jahren, stillte nach Auskunft seines Enkels auf ähnliche Weise Blut. Er hat *einen frischen Zweig Reisig abgeschnitten und diesen Zweig dreimal gebrochen, wobei dreimal ein Spruch gesagt werden mußte*, an dessen Wortlaut sich der Enkel nicht mehr erinnert. Die Wirkung solcher Behandlung hat dieser jedoch selbst miterlebt.

Aus der Formulierung einiger Heilsprüche ist zu entnehmen, dass die jeweils behandelte Krankheit auf einen Stein übertragen wird.

Als die 1607 wegen Zauberei angeklagte Anna Gowe verhört wurde, gab sie an, als Kind von einer Krankheit von einem Heiler namens Dum aus der Herrschaft Putbus geheilt worden zu sein. Er habe sie in einen Kufen (eine Holzwanne) mit Wasser gesetzt, das mit 9 heißen Steinen von 9 Feldscheiden erwärmt worden war. Das Wasser habe man anschließend unter einen Fliederbusch (Holunder) gegossen. Leider enthält die Akte keine Angabe, welcher Art ihre Krankheit war.

Allgemein verbreitet ist der Glaube, dass Steine mit einem natürlich darin entstandenen Loch, sogenannte Hühnergötter, an einem Bändchen um den Hals getragen, vor dem Quälen der Nachtmaren (Albdrücken) schützen sollen und vor dem bösen Blick bewahren.

Etwas abgeriebenes Pulver vom Donnerkeil (Belemnit) *benutzten früher die Ärzte in Preußen und Pommern, in Sachsen zum Besprechen des Blasensteines.* (HWA, I. 1025) Erst seit dem 19. Jahrhundert ist bekannt, dass es sich dabei um fossile Reste eines Vorläufers der Tintenfische aus der Kreidezeit handelt. Sie werden heute noch als Amulett gegen Behexung und Krankheiten vereinzelt getragen. *Augenkrankem Vieh, auch Menschen, wird der lichtschaffende Staub des geschabten Donnerkeils in die Augen geblasen,* schreibt Theodor Zorn von Mönchgut.

Ähnlich verhält es sich mit den Krötensteinen, den versteinerten Seeigeln oder Echeniten. Bis ins 18. Jahrhundert trugen viele Leute Krötensteine als krankheitsabwehrende Amulette stets bei sich, häufig sogar in Silber oder in Gold gefasst. Johann Jacob Grümbke schrieb 1819 in den „Darstellungen von der Insel … Rügen“ (I. 85): *Seeäpfel, Seeigelsteine oder Echiniten, auch Krötensteine genannt, gelten als Hexenschutz.*

Steinritzungen an den Kirchen von Altenkirchen (1), Schaprode (2), Vilmnitz (3)

Auch die kleinen fossilen Seeigelstacheln hat man pulverisiert vorwiegend gegen Blasen- und Nierensteine verordnet.

Von Ziegelsteinen abgeriebener Staub galt seit langem als Medizin gegen zahlreiche Gebrechen.

Dass auch die zahlreichen eingeriebenen Symbole an einigen Kirchenwänden auf Rügen durch das für die Medizin erfolgte Abreiben von Steinstaub entstanden sind, ist bisher nur eine unbestätigte Vermutung. An vielen Kirchenmauern in Deutschland gibt es Rillen und Scharten, die z. T. mit Schwertern oder Messern eingerieben wurden, um den Steinabrieb zu erhalten.

Auf Rügen sind es vorrangig die Kirchen in Altenkirchen und Schaprode, an denen man zahlreiche eingeriebene Zeichen in den Backsteinziegeln findet. Viele der Zeichen erinnern sehr an Hausmarken, andere scheinen eher Symbole mit einem bestimmten Sinn zu sein, den es noch zu entschlüsseln gilt. Die Male in Altenkirchen befinden sich in den Wänden der Sakristei, in der auch der slawische Bildstein in eine Wand eingesetzt ist. An der Schaproder Kirche sind die Zeichen an der Südostseite des Chores außen leicht zu finden. Auch an der Südseite der Vilmnitzer Kirche finden sich einige wenige Einritzungen in Ziegelsteinen. In einer alchimistischen Handschrift aus dem 15. Jahrhundert im Germanischen Nationalmuseum in Nürnberg steht ein Spruch, der eventuell diese Reibespuren in den Ziegeln erklärt:

Wer dez steinez pulver isset
der wirt von allen suchten gesund.
(Jünemann, Rillen und Näpfchen)

Vermutlich herrschte die Auffassung vor, dass das Ziegelsteinpulver von sakralen Gebäuden besonders heilkräftig sei. Im Süden Europas wurden für die Gewinnung von Steinpulver extra Tonfiguren gebrannt, deren abgeschabtes Pulver man als Medizin verwendete.

Auch Bernstein gilt seit langem als beliebtes Heilmittel gegen vielerlei Gebrechen. Bernstein am Bändchen um den Hals getragen soll Kopfschmerzen vermeiden und ist gegen das Reißen der Zähne gut. Angewärmter Bernstein soll Ohrenschmerzen lindern, wenn man ihn ans Ohr hält.

Geweihte Kräuter wirken besser.

Im Mittelalter nutzte man offensichtlich nicht einfach nur die gesammelten Kräuter zum Heilen. Um ihre Wirksamkeit zu erhöhen, hat man sie am 15. August, dem Tag Mariä Himmelfahrt, *up Marien tho krudtwigunge,* bei einer feierlichen Zeremonie geweiht, schrieb der Stralsunder Bürgermeister Franz Wessel in der Zeit der Reformation. Den Verlauf dieser Feier schildert Wessel folgendermaßen: *so quemen gemeinlich uth allen Waningen eine Maget, efte Fruwe, de hadden ein Bund Krude imme Arm schir als eine Garve grot, dar was Ingebunden Fennekol, Bulderghan, Hennip, Orand, Apol, Beren, Wulfeley, Mankannen, Lübbestock, Wörmt, Hoppen, Heideblomen, Aland, allerlei Arten van dem Korne, Botter (blomen), Flaß, Knuflock, Zipollen, Kohl, Sennip, Sevenbom, dit alles und ein Jdes tho sündriger Töverye und tho Smökende Vehe und Minschen, dar ein Windelband ummeher, darmit nah Chore tho, dar charakterde de Towerer und beschwor dit Krut, schir bi eine Stunden, den Qwispel in de Hand, slog Water de Fulle in dat Krudt …*

(Es kamen allgemein aus allen Wohnungen eine Magd oder Frau, die hatten ein Bund Kraut im Arm schier wie eine Garbe groß, darin war eingebunden Fenchel, Baldrian, Hanf, Orand (Löwenmaul), Äpfel, Birnen, Arnika, Mohnkapseln, Liebstöckel, Wermut, Hopfen, Heideblumen, Aland, allerlei Arten vom Getreide, Butterblumen, Flachs, Knoblauch, Zwiebeln, Kohl, Senf, Siebenbaum, dies alles und ein jedes zu sündiger Zauberei und zu räuchern (?) Vieh und Menschen, darum war ein Band gebunden, damit (zog man) zum Chor (der Kirche), dort hantierte der Zauberer (gemeint ist der katholische Pfarrer) und beschwor das Kraut, den Qwispel (Gerät zum Besprengen mit Weihwasser) in der Hand und schlug Wasser die Fülle in das Kraut.)

Viele der aufgezählten Pflanzen gehören heute zu den beliebten Gemüsearten und man weiß um ihre Vitamine, Minerale und anderen Bestandteile, die zur täglichen Nahrung dienen. Früher galten sie als Heilkräuter gegen allerlei Gebrechen oder wurden am Körper in kleinen Beutelchen als Abwehrmittel gegen alles Böse oder gegen das Verhexen getragen. *Krudebüdel*, kleine Stoffbeutelchen mit vielen wohltuenden Kräutern, gehörten sogar zu den Patengeschenken bei Kindtaufen. Das Weihen der Kräuter lief vermutlich nach der Reformation aus. Die Feier am Tag Mariä Himmelfahrt ist ein katholischer Brauch, der in den protestantischen Gebieten nicht üblich ist.

Von ausgezeichneter Heilkraft gegen Krankheiten hexenhaften Ursprungs gelten auf der Halbinsel (Mönchgut) *die Pflanzen und Kräuter, welche zu besonderer Stunde in besonderen Nächten gepflückt wurden. Unter den Nächten rechnen Johannis-, Weihnachts- und Neujahrsnacht, unter den Pflanzen das Johanniskraut und die Frucht des Vogelbeer- oder Quitschenbaums zu den geeignetsten. Das Johanniskraut ist so recht eigentlich das Schutzmittel gegen Hexen, weshalb auch der Teufel aus Unmuth dasselbe durchlöcherte* (Theodor Zorn, Aberglauben).

Am Ostermontag fand eine Zeremonie statt, bei der der Bischof den Gemeinden *Crisam* brachte, geweihtes *dreierley Oel, wo man de Kranken und de seeltageden* (die Sterbenden) *mit ansmerede, wo se daräver bölkeden. Ave sanctorum oleum!* liest man in den hinterlassenen Schriften des Franz Wessel aus der Mitte des 16. Jahrhunderts.

Das Weihen dieser Heilmittel ist nichts anderes als eine Aufwertung mit christlicher Magie.

Heilsprüche und -behandlungen

Gegen **Augenleiden:**

1. *Ein Gerstenkorn soll sich entfernen lassen, indem man dreimal mit einem Gerstenkorn auf das Auge drückt und es dann den Hühnern hinwirft.* *W. Peters, Abergl. Rügen*

Eine andere Variante: *das Gerstenkorn dreimal rückwärts über den Kopf werfen.* *Haas, PVM, 127*

2. *Wenn man einen Blindstein (weißen Kiesel) findet, so muß man darauf spucken und ihn rückwärts über den Kopf werfen; thut man das nicht, so erblindet man.* *Haas, PVM 62*

3. *Gegen das Mal am Auge:*

Am Jordan gingen drei Mägdelein:
Die eine pustet den Sand vom Weg,
Die andere pustet das Laub vom Baum,
Die dritte pustet den Staub vom Auge.
aus Garz *Jahn, HWZ, 1886, 77*

4. *Für die Felle über die Augen* (das sogenannte Flügelfell, eine Hornhautveränderung)

Nimm eine Leber von einer Quippe (eine kleine Fischart) *thue sie in ein Glas, setze sie in die Sonne oder in Wärme Ofen, so wird ein gelbes öhl daraus, schmelzen, hernach nim eine Feder und bestreich das Fell* (die Augen) *damit, so vergeht es alsobald und kömt weg.* *Caroline Otte, Nr. 1*

5. *Augen zu besprechen*

Strohhalmaugen, was schadt dich,
Strohhalmaugen, was bannt dich,
Strohhalmaugen, du sollst wieder sehen.
Im Namen Gottes des Vaters ...
dazu gehören 3 Strohhalme und schmeißt ihn sich rückwärts über den Kopf,
dann den andern und den 3ten.

Caroline Otte, Nr. 27

Es handelt sich vermutlich um eine Bindehautentzündung mit einem sogenannten Tunnelblick.

Gegen das **Bruchleiden:**

Es geht nicht aus den Heilsprüchen hervor, wann es sich um einen Knochenbruch und wann evtl. um einen Leistenbruch handelt.

6. *Bruch geh weg, 5 Finger nehmen dir weg,*
du liegst Wilhelm Engelbrecht nahe am Herzen
du machst ihm viele Schmerzen
Bruch geh weg, 5 Finger nehmen (ihn) dir weg.
Caroline Otte, Nr. 60

Hier wird ausnahmsweise der Name des Behandelten, des Ehemannes von Caroline Otte, genannt.

7. Auf Rügen heilt die Sympathie Brüche auf eine ganz sonderbare Art: Zur Zeit des abnehmenden Mondes entfernt man aus einer Ackeregge einen Zinken und bindet diesen 20 Minuten lang auf den Bruch. Bezweckt wird hiermit, daß sich das Eisen durch die Körperwärme erwärmt und von den menschlichen Ausscheidungsstoffen aufnimmt. Nach der angegebenen Zeit bringt man den Zinken wieder an seinen alten Platz an der Egge. *Ida Wegner, Sympathiekuren, 1928*

8. Auf dieser Insel schneidet man auch bei abnehmendem Monde mit einem scharfen Messer einen Span von einem jungen Weidenbaum, legt ihn auf die Bruchstelle und läßt ihn einen Tag und eine Nacht liegen, danach fügt man ihn wieder an seinen alten Platz und verbindet ihn gut, damit er wieder anwachsen kann. Der Bruch soll zurückgehen, sobald der Span wieder angewachsen ist. *Ida Wegner, Sympathiekuren*

9. Für Bruchschaden

Schlage über den Bruchschaden bei abnehmendem Monde mit einer Weidenruthe einen Knoten und vergrabe sie sodann heimlich. Wie die Ruthe in der Erde verwest, vergeht auch der Bruchschaden.

aus Neuvorpommen *Jahn, HWZ, 152*

10. Die Heilung eines zwölfjährigen Knaben von einem Bruchleiden durch eine sogenannte „Krupeiche" auf Rügen schildert Ernst Moritz Arndt als ein Jugenderlebnis, das ihn sehr beeindruckt haben muss:

Mitten im Walde auf einem grünen Plan war eine junge Eiche ausersehen, schlank und gerad und etwa eines Armes dick. Drei Keile trugen die Männer aus trockenem Eichenholz, einen spitzen und zwei dicke. Gärtner Benzin faßte und hielt den Baum, Beck setzte den spitzen Keil an, Jochen Geese keilte mit einer starken hölzernen Keule drauf. Nach einer Viertelstunde war der Keil glücklich durch die Eiche getrieben, und nun wurden die beiden dicken Keile genommen und mit großer Leichtigkeit so weit hineingetrieben, daß der Baum eine weite Öffnung gab. Ich und der Knabe standen still dabei, der arme Junge ganz entkleidet und frierend und zähnklappernd, denn die Morgenluft war kalt. Als nun alles fertig war und die Sonnenstrahlen mit einzelnen Feuerspitzen durch die Wolken zu brechen Anstalt machten, da faßten die beiden starken Männer Benzin und Geese den Knaben, trugen ihn dreimal im stummen Schweigen um den Baum, dann zogen sie ihn ebenso stumm und mit feierlicher Gebärde durch die Öffnung der Eiche, setzten ihn dann hin und kleideten ihn wieder an; den Baum aber umwanden sie mit mächtiger Anstrengung ihrer starken Arme mit frisch geschnittenen Haselbändern, so daß die zerspaltenen Teile wieder hart zusammengepreßt wurden. Und darauf gingen wir im schönsten Sonnenschein und in schönster Hoffnung still wieder zu Hause … Ich hatte die Weisung erhalten, es dürfe von keinem der Gesellschaft weder auf dem Wege noch an der Stelle, wo die Handlung begangen werden sollte, kein Laut ausgestoßen werden, und das Ganze müsse so genau abgepaßt werden, daß gerade bei den ersten aufblitzenden Stralen der aufgehenden Sonne des Knaben Durchgang vollbracht sey; wenn aber der Himmel sich so bewölkt zeige, daß man am hellstralenden Sonnenaufgang verzweifeln müsse, dann dürfe die Handlung gar nicht vorgenommen werden … in dem Maße, wie die Eiche zusammenwächst, wächst der Bruch auch glücklich zu, ist aber der Baum ein Krüppel geworden, so bleibt der Schaden.

E. M. Arndt, An seine lieben Deutschen,
zit. nach Heckscher, S. 90/91

Dazu eine Bemerkung bei A. Haas: *Auf Rügen werden Kinder gewarnt, durch Astlöcher, „twälig" (zweistämmig) gewachsene Bäume, Luken, Fensteröffnungen u. a. hindurch zu kriechen; man glaubt, daß sie sonst nicht größer werden.*

Haas, PVM, 24

Gegen den **Hartspann**, eine Geschwulst unter den kurzen Rippen oder zwischen den Schultern, eine Muskelverspannung nach heutigem Verständnis:

11. Wer an Hartspann leidet, muß sich stillschweigends abends vor dem Zubettgehen und morgens auf nüchternen Magen mit dem Besenstil „knuden". *Haas, PVM, 137*

12.
Hartspann von de Rübb!
Dat beste Pferd an de Krübb!
Helpt dat nich
Dann schad't uk nich!
(Dreimal übers Kreuz pusten)
aus Garz *Jahn, HWZ, 102*

13.
Hartspann zu besprechen
Hartspann, ich beschwie(ö)re dich
las das Riten und das spliten sein
im Namen Gottes des Vaters …
Angst und schmerzen soll verschwinden
wie der Rauch im Windt (Zeichen)
Im Namen Gottes des Vaters …

Caroline Otte, Nr. 24

Zeichen bedeutet vermutlich das dreimalige Kreuzzeichen.

14.	*Hartspann zu besprechen*	
	Ein Hirsch ohne lung	Ein Hirsch ohne Lunge
	Ein Storg ohne Tung	Ein Storch ohne Zunge
	Ein Tirteltaube ohne Gall	Eine Turteltaube ohne Galle
	hartspann fal her af.	Hartspann, fall herab.
	in Namen Gottes des Vatters …+++	
		Caroline Otte, Nr. 112

15. *Hartspann, ich will dich streichen von meiner Hand,*
Schaden tu weichen im Namen Gottes des Vaters ...
Von der rechten Schulter nach der linken Seite, von der linken nach der rechten Seite und von der rechten nach der linken Seite. *Caroline Otte, Nr. 28*

Gegen **Knirrband**, Sehnenscheidenentzündung:

16. Mit dem Namen Knirrband bezeichnet man entweder jede beliebige Art von Verrenkung, oder speziell die Verrenkung des Unterarmes. Dort liegt eine Sehne, welche, wenn sie verrenkt ist, bei jeder Bewegung knirscht. Die Leute binden dann unter den gehörigen Zauberformeln ein schwarzes Band kreuzweise darüber. Insel Rügen, E. Haas *Haas, PVM, 138*

17. Wer am Knirrband leidet, muß die Hand durch das Katzenloch oder durch die Goet (den Ausguß) *stecken, dann wird es besser.* *Haas, PVM, 138*

18. Knirrband abhauen lassen: Man legt die mit dem Knirrband behaftete Hand auf einen Haublock, und während eine zweite Person mit einem Beile zuhaut, zieht man die Hand schnell beiseite. Conrektor Grützmacher *Haas, PVM, 138*

19. Knirrband, Knürrband
Als Heilmittel gilt das Abhauen desselben, der Pat. legt die kranke Hand auf einen Haublock, worauf ein anderer ein Beil

dicht daneben in den Block hauen muß. Der Pat. darf nicht mit der Hand zucken. *Haas, Krankheitsbez., 196*

20. Für den Knirband
Knirband, ich haue dich dir beantwortung, was haues du Knirband im namen Gottes ... *Caroline Otte, Nr. 15*

Gegen **Hauterkrankungen**, dazu zählen u.a. *Riddeln* (Röteln oder Windpocken?), Flechten (Ekzeme), *Puddik* (eine geschwollene Drüse am Hals), Warzen und die Rose:

21. Laufendes Feuer Stillen (eine sich ausbreitende Hautentzündung, Rotlauf)

Am Jordan stehen 3 Rosen,
die erste ist für die Sonne
die 2te ist für die Mond
die 3 ist für die Sterne,

damit ich dieses laufen(de) Feuer stillen und absprechen kann.
Im Namen Gottes ...+ + + *Caroline Otte, Nr. 32*

22. Flecht(e) zu besprechen
Flockasche reibe auf die Flechte und dann sprich:

Flockasche und die Flecht
lagen beide ins Recht
Flockasch gewann, Flecht verschwand.
Im Namen Gottes ... + + +

Caroline Otte, Nr. 36

Flockasche bedeutet Buchenasche. Dieses ist ein Beispiel für eine fiktive Gerichtsverhandlung. Die Schreibweise wurde zur Verständlichkeit etwas angeglichen. Von Mönchgut ist ein ähnlicher Spruch überliefert.

23. Für die Flechte:

Die Flockasch und die Flexe,
die ziehen über das weite, weite Meer.
Die Flockasch, die kehrt wieder,
die Flexe nimmermehr. *Adler, Mönchgut, S. 227*

24. Flechten
Wenn man eine Flechte oder ein Geschwür hat, muß man mittags zwölf Uhr darauf spucken; dann verschwindet es.
Haas, PVM, 62

25. Mittel, um Flechten zu entfernen
Wenn man beim Spazieren gehen einen Stein findet, auf welchem etwas Wasser steht, frage man seinen Freund: „Wie kommt das Wasser vom Stein herunter?" Antwortet der Gefragte: „Es trocknet weg!" so muß man die Flechte mit dem Wasser waschen. Aber man darf während dessen kein weiteres Wort sprechen. Auch gegen Wratten (Warzen) *hilft dieses Mittel. O. Haas* *Haas, PVM, 109*

26. Mittel gegen Frostbeulen
Man schmiert die Hände mit Petroleum ein oder man taucht sie in kochendes Wasser, in welchem eben Kartoffeln gekocht sind. aus Putbus
Gegen Forstbeulen: Wasche dieselben wiederholt mit deinem Urin, so wird sich das Jucken und Brennen allmählich verlieren. (auf Rügen besonders bei erfrorenen Füßen)
Haas, PVM 125

27. Regenwürmer in einem Glas in die Sonne gestellt, bis sie vergingen, gaben eine Salbe für Frostbeulen und Wunden.
Adler, Mönchgut, S. 161

28. Gegen Warzen

De Wratt un de Wied
de lopen to Stried,
de Wied gewunn
un de Wratt verschwunn.

Adler, Mönchgut, S.161;
mdl. 1998 aus Neukamp
und fast identisch aus Poltenbusch

29. Warzen beseitigen
Man soll eine Nacktschnecke am Kreuzweg nachts bei Vollmond dreimal kreuzweise über die Warzen streichen und anschließend die Schnecke wieder an den gleichen Platz zurücksetzen.
Dazu muss man einen Spruch sagen, der mir unbekannt ist.
mdl. 2001 aus Bergen

30. Besprechen von Warzen (bei zunehmendem Mond)
Das, was ich reibe, nehme ab,
das was ich sehe, nehme zu.
Im Namen des Vaters, des Sohnes und des heiligen
Geistes. *1997 aus Groß Schoritz*

31. Warzen abbinden
Schlage über der Warze bei abnehmendem Mond in einen Zwirnsfaden stillschweigend so viele Knoten als Warzen vorhanden sind, und trage darauf den Faden einen Tag oder drei bei dir; darauf wirf ihn fort auf den Misthaufen, leg ihn unter den Schweinekoben oder vergrab ihn unter der Schwelle oder sonst in der Erde. Verbrennst oder vernichtest du den Faden, so nutzt das Mittel nicht. Findet jemand den Faden und hebt ihn auf, so wird der Betreffende alsbald mit Warzen behaftet.
Rügen und Neuvorpommern *Jahn, HWZ, 155*

32. Um Warzen zu vertreiben, soll man dieselben an einem Donnerstag oder Sonntag dreimal kreuzweise mit einem Donnerkeil bestreichen. *Jahn, HWZ, 194*

33. Schwamm (Hautschwamm)
Ich stille diesen Schwamm
Gott Vater ist unser Amt
im Namen Gottes …
dazu müssen 3 schwarze Hühnerfedern gehören, so nimmt man die eine, und dann die andere und dann die 3te.
Caroline Otte, Nr. 26

34. Solt flecht zu Besprechen (chronische Hautentzündung)

ich stille dich im Namen Gottes
von dieser Soltflechte
und unser Heiland der gebe,
daß diese Soltflechten vergehen in Jesu Namen.

Caroline Otte, Nr. 34

35. Für den Fisbel Schaden (Fistel, ein tief liegendes, nach außen durchbrechendes Geschwür)

Fisbel stehe still
und komme nimmer wieder.

und zum letzten mal (streichen) *wird Gott angerufen.*
Im Namen Gottes des Vaters …

Caroline Otte, Nr. 14 u. 44

36. Kreft (bösartiges Geschwür, jedoch nicht vergleichbar mit dem heutigen Begriff Krebs)

Kreft schade, stehe stille in Gottes Namen
in Parredees (Paradies) *steht ein Baum,*
den trauen nicht (dem traue nicht)
in Gottes Namen
in dem Namen Gottes …

Caroline Otte, Nr. 9 u.25

Gegen die **Gicht**, den **Haarwurm**, das **Reißen**, den **Fluss** und den **Brand**:

Es handelt sich um Krankheiten mit Muskel- und Gliederschmerzen, wie z.B. Rheuma, Arthrosen, die oft auch mit Entzündungen und Rötungen der Haut verbunden auftreten.

37. Gicht und Podagra wird dadurch geheilt, daß man eine Biene in die geschwollene Stelle des Körpers stechen läßt.

Haas, PVM, 137

38. Gegen Gicht. Man verschaffe sich einen Nagel aus einem Sarge, in welchem ein Toter begraben wurde, lasse sich davon einen Ring machen, der am rechten Zeigefinger zu tragen ist, derselbe zieht die Gicht an. *Haas, PVM, 137*
Fritz Adler erwähnt für Mönchgut die Verwendung von Messingringen oder -ketten gegen Gicht.
Adler, Mönchgut, 161

39. Gicht zu besprechen
Die Gicht, die dich jetz Schmerzen bringt
geb Gott, das sie verschwindt
und sieg (sich) *nich wieder findt*
in Namen Gottes … + + +
Caroline Otte, Nr. 110

40. Für die reißende Gicht
an 77 (Stellen) *allerlei Jacobsöl* (aus der Apotheke) *für 3 sgr.* (Silbergroschen), *damit die Glieder geschmiert.*
Caroline Otte, Nr. 95

41. Flus zu besprechen
Flüsse, du sollst stille stehn
Reisfluß, sollst nicht hecken (eitern)
du sollst nicht stecken
du sollst nicht kellen
du sollst nicht schwellen
du sollst nicht siliettten (?), (evtl. für reißen)
Fluß, du sollst stehen und sollst nicht weiter gehen.
Im Namen Gottes … + + +
Caroline Otte, Nr. 108

42. Für den kalten Brand
hoch ist der Himmel, roth ist der kreft (Krebs),
kalt ist die Todtenhand,
damit stilt ich (geschüwls) feuer und Brand (den kalten) im Höchsten Trohn ruf ich mir zu hülfe
Jesu Christi, Maria sohn,
im Namen Gottes des Vaters …

Ich ging wohl über berg und sand
da fand ich Eine Todtenhand
damit stildt ich den kalten Brand
in Namen Gottes … *Caroline Otte, Nr. 2*

43. Der Brand

Hoch ist der Heben
Roth sind die Krebsen
Kalt ist die Todten-Hand
Damit bestreich (still) ich diesen Brand
aus Garz *Jahn, HWZ, 80*

44. Brand stillen

Weiß sind die Träber
schwarz sind die Gräber
weiß ist die Todes hand
damit still ich dir den Brand
in Namen Gottes des Vatters … + + +
Caroline Otte, Nr. 47

45. Wedag stillen mit einem Stein oder wen ein giftichges Thier gestochen hat,

Was machst du hier du gieftiges Tier
ich nehme diesen Stein, vertreib dir die Pein
im Namen Gottes …

den holt man sich einen Stein und betet dann so weit, bis der Name Gottes kommt rundherum, und beim Namen Gottes wird ein Kreuz über den Stein gestrichen.
Caroline Otte, Nr. 48

46. Schmerzen behandeln

Gegen rheumatischen Kopfschmerz, Rose, Entzündung und andere ähnliche Gebrechen wenden die weisen Frauen folgendes Mittel an: sie umwickeln einen alten, schmutzigen Kamm, welcher möglichst lange gebraucht sein muß, mit einem Tuche und legen dieses um die schmerzende Körperstelle. Der Verband darf aber ‚bei Leibe' nicht eher entfernt werden, als bis die wunde Stelle ganz geheilt ist. *Haas, PVM, 155*

47. Schwulz (Geschwulst) *zu besprechen*

Es werden drei Negel (ein) geschlagen
in des Gottes allmächtigen Sohnes
Füßen und henden
schwelle nicht, quelle nicht
las auch sonst kein böses dazu
in Namen Gottes … Amen;
(hier wird ausnahmsweise ein Amen gesprochen)

Caroline Otte, Nr. 49

48. Wedag (Schmerz) *Thu verschwinden*

wie das Laub an der Linde,
wie das Laub am Baum
Gottvater Gott Sohn Gott heiliger Geist

Caroline Otte, Nr. 3

49. Magenschmerzen vertreibt man dadurch, daß man einmal tief Luft holt.
Wenn die Köchin die Speise mit dem Messer statt mit dem Löffel rührt, bekommt sie Leibschmerzen. *Haas, PVM 157*

50. Bei Krankheitsheilungen wird geschabtes Metall von verschiedenen Arten verwandt, ‚doch so, daß bei diesem Metall die ungleiche Zahl, besonders die Dreizahl beobachtet' wird.

Arndt, zit. bei Heckscher, 103

Sprüche gegen die **Rose:**

51. *Herr Gott in'n Häven, ick bitt di,*
nimm ditt Leiden aff von mie,
All datt schlichte lat vergahn'n,
un dat goode lat bistahn
im Namen des Vaters + des Sohnes
und des heiligen Geistes

aus Pantow, 2003

52. Für die Rose:

Rose, du mußt sterben und verderben
Und dich nicht erheben,
Bis du kannst leben.

Adler, Mönchgut, S. 227

53. Für die Rose:

Mutter Maria und Magdalena
zogen wohl über das Land
drey Rosen trägt sie in ihrer Hand,
die Rosen zogen aus, nicht ein,
also soll dieser Schade auch sein.
Im Namen Gottes …

Caroline Otte, Nr. 11

54. *Das ist* (das) *hillige Dink,*
das Witte Hillige dink,
das Rote Hillige dink,
du sollst nicht hecken, du sollst nicht stecken
den doden in ihr …
Im Namen Gottes …

Caroline Otte, Nr. 10

55. *Bletter Rose ich stille dich*
Bletter Rose ich verbinde dich
Bletter Rose ich heile di(ch)
im Namen Gottes …

Caroline Otte, Nr. 12

56. Die Rose zu besprechen

Die Rose und die framen (Frommen?)
die stritten sich zusammen,
als sie an (einen) Scheid(e)zaun kam(en)
da ging da (s) *Reisen mit den frommen Voran*
in Namen Gottes … + + +

Caroline Otte, Nr. 46

57. Für die Rose

Das ist die Rose, die weiße Rose, die rote Rose,
die graue und die Blaue Rose,
die sitten und Bitten Rose,
die Rothlaufrose, die Nettelrose,
die Prikkelrose, die Blederrose
die häcken und die Stäcken,
die Ledderige und die Bledderige,
die selben sind alle verrunden und verschwunden
in Namen Gottes …
die riten und die splieten (reißen, rütteln, fliegen, zittern) *Caroline Otte, Nr. 13*

58. Segen gegen die Rose

Maria zog in dieses Land,
Drei Rosen hatt' sie in ihrer Hand.
Die eine, die verwandt
Die andere, die verschwandt,
Die Dritte fiel ihr wohl aus der Hand.
Garz *Jahn, HWZ, 105*

Wunden behandeln und Blut stillen:

59. Der aus dem Rinnstein entnommene Modder wird vielfach auf Wunden gelegt, weil man glaubt, daß die Heilung der Wunden dadurch befördert werde. *Haas, PVM 133*

60. Hat man eine schwer heilende Wunde, so nimmt man stillschweigend einen Feldstein in die Höhe und legt ihn wieder an die selbe Stelle. Dann nimmt man ein verkohltes Stück eines Hemdes, das von einer Person anderen Geschlechtes getragen ist, und legt es darauf.
Dr. K. Albrecht *Haas, PVM 133*

61. Das Blut steht, wenn man ein glattes, dickes, unbedrucktes und unbeschriebenes Stück Papier, im Notfall auch ein Stück gewöhnliches Zeitungspapier darauf legt.
Putbus *Haas, PVM 63*

62. Eine blutende Wunde hört auf zu bluten, wenn man ein Spinngewebe darauf legt.

Allgm. mdl. von mehreren Gewährsleuten, 90er Jahre

63. Schafstalg mit zerklopftem Harz wurde gegen Eiter verwendet. *Adler, Mönchgut,161*

64. Für den Schorf

Schorf du mußt Stehn,
bett alle diese Böhm tausam kahm,
du sollst nicht kellen, du solst nich Schwellen,
du sollst Stahn, bett alle diese Böhm Tausam kam
In namen Gottes … *Caroline Otte, Nr. 8 und 44*

65. Dis ist ein Verband Spruch wenn sich Ein (er) *geschnitten hat:*

Jesu um die Wunden dein
hilft dir von allem Unglück dein.
Im Namen Gottes … *Caroline Otte, Nr. 22*

66. Wunden heilen, die mit reinem Wasser verbunden wird.

Gottes Gnade für und für
stärke und heile dich
im Namen Gottes … *Caroline Otte, Nr. 41*

67. Blut stillen

Blot sta
Wi de Herr Jesus stund,
As hei an't Kruez jüng
Im Namen Gottes etc. u. dreimal pusten.
Garz *Jahn, HWZ 69*

68. *Blut steh still,*
Bis Jesus dich heißt weiter gehn.
Adler, Mönchgut, Anm.

69. Blut besprechen

O Wunder über Wunder
Des Herren Grab ist hierunter!
Darauf stehen drei Blümelein:
Das eine heißet Wohlgemuth +
Das andere heißet Demuth +
Das dritte heißet „Blut steh stille“ +
Dieweil es ist des Herren Wille.

Rügen *Jahn, HWZ 69*

70. Blut zu besprechen mit Bu(ch)staben O. J. P u. l. u.
Caroline Otte, Nr. 30

71. Blut stillen

Was du hest, hef ich lange hat
im Namen Gottes des Vatters
und dieses Blut, das steht in Gottes Namen.

Caroline Otte, Nr. 29

72. Gegen Blutsturz wendet man Läppchen an, die man in das verlekene Blut taucht, worauf man sie vergräbt.
Ida Wegner, Sympathiekuren, 1928

73. Nasenbluten hört auf, wenn man dem Betreffenden, der daran leidet, die Scheide eines Messers hinten auf den obersten Rückenwirbel drückt. *Haas, PVM, 158*

74. Wer Nasenbluten hat, muß sich einen kalten Schlüssel oder ein nasses Tuch in den Nacken legen. Die Kälte soll das Blut zum Stillstehen bringen. *Haas, PVM, 158*

75. Wenn man Nasenbluten hat, muß man die Blutstropfen auf zwei über Kreuz gelegte Strohhalme fallen lassen. Sobald ein Tropfen auf den Kreuzungspunkt fällt, hört das Nasenbluten auf. Denselben Erfolg hat es, wenn die vier Tropfen auf die vier Ecken des Kreuzes fallen. O. Haas *Haas, PVM, 159*

76. *Nun gang Stag* (steht still), *unsern Herrn Christo*
Durch sein(en) *Sieg floß Wasser und Blut heraus*
auf den Namen du getauft bist mus das Blut stille stehn, das Wort kommt auf den Namen,
den(n) *muß sein Name gesagt werden.*
Im Namen Gottes … *Caroline Otte, Nr. 5*

Vermutlich hat man den Namen des Kranken irgendwo aufgeschrieben, und dann ließ man dessen Blut darauf tropfen, wobei die heilige Dreifaltigkeit angerufen wurde?!

77. *Jesu um die fünf Wunden* (dein)
der hilft dir von allem Unglück fein
Gottes Gnade für und für.
Sterck und heile im Namen Gottes des Vaters …
Caroline Otte, Nr. 6

78. E. M. Arndt überliefert etwas über die Bedeutung von Blut als Zaubermittel in seiner Zeit:
In mehreren Landschaften Norddeutschlands, und namentlich in Mecklenburg, Pommern und Rügen backt man runde Kuchen aus Mehl, Blut von geschlachteten Thieren und Fett, die man geröstet isset und die meistentheils nur Speise des ärmeren Mannes sind. „Arme Hinrichs" oder „Stolte Hinrichs". Solche Kuchen wurden „weiland bei Aussatzkrankheiten … gegessen, jetzt wird noch hin und wieder bei Geschwülsten, Verhärtungen und Geschwüren häufig warmes Thierblut verwendet oder die noch warmen Häute eben geschlachteter Thiere darum geschlängt; ja, wie nicht bloß solche, die an der fallenden Sucht (Epilepsie) *leiden, sondern auch die von unheilbaren Geschwüren, Grind usw. leiden, noch diesen Tag häufig an den Richtstätten warten, das Blut der Enthaupteten aufzufangen und warm zu trinken.*

zit. bei Heckscher, S.134

Das „Armsünderblut" sollte auch schwächlichen, kränkelnden Kindern helfen, zu Kräften zu kommen.

mdl. aus Bergen 1998

Behandlung von **Fieber:**

79. Die Bewohner der Stadt Bergen auf Rügen halten es für ein untrügliches Mittel gegen das Fieber, besonders gegen das kalte Fieber, dreimal um den Roten See, einen dicht vor der Stadt, am Fuße des Berges gelegenen See, … zu gehen und dreimal hineinzuspucken.

Früher, als der Marktpfuhl noch vorhanden war, gingen Fieberkranke auch wohl dreimal stillschweigend um ihn herum. *Haas, PVM, 76*

80. Die drei ersten Marienblümchen, welche man im Frühling findet, muß man aufessen, dann bekommt man in dem Jahr kein Fieber. *ebenda*

81. Von der ersten Kornähre, welche man blühen sieht, muß man die Blüte mit dem Munde abstreifen; dann bekommt man in dem Jahr kein Fieber. *ebenda*

82. Mittel gegen das kalte Fieber:
Man führe den Kranken in eine dunkle Scheune und stelle ihn an einen Haublock, auf welchem ein Beil bereit liegen muß. Dann schlage man dreimal auf den Block und führe den Kranken wieder ins Freie. Das ganze muß stillschweigend geschehen und hilft gewiß. *Haas, PVM, 96*

83. Fieber an den Fliederbusch verschreiben

Goden Dach, Fleder!
Hir bring ik di dat Fewer
Hir binn ik di dat an,
Un ik ge darvan.

Garz und Rappin *Jahn, HWZ, 89*

Dieser Spruch hat sicherlich das Anbinden eines Fieberzettels an einen Holunderbusch, im Volksmund Fleederbusch, dessen Früchte Fliederbeeren genannt werden, begleitet; ein Beispiel für das Übertragen einer Krankheit auf einen Baum. Der Fieberzettel, mit dem der Heiler, die Heilerin zunächst über den Körper des Kranken gestrichen hatte, wurde mit einem Strohband meist nach Sonnenuntergang auf die Rinde des Strauches oder Baumes gebunden. Das Fieber abschreiben nannte man diese Prozedur.

84. 3 tägliches Fieber
Wende ich wieder verbinde dich hier, ich N N 77 Fieber
Im Namen Gottes … Amen. 11 Tage um den hals zu hengen.
Caroline Otte, Nr. 78

Hier handelt es sich offenbar um ein Fragment eines Spruches. Der „Fieberzettel" wurde ganz klein gefaltet und an einem Bändchen um den Hals getragen. Er erhält damit den Charakter eines Amulettes.

85. Für alltägliches Fieber auf Pfeffer Kuchen zu schreiben:
F.N.G.W. (evtl. Abkürzungen von Namen)
S.N.K.G.
Abrolatus.
Abrolatu.
Abrolat.
Abrola.
Abrol.
Abro.
Abr.
Ab.
A.
alle Tage eine Rei(h)*e von nüchtern eingeben.*
Caroline Otte, Nr. 77

Der magische Spruch, der vermutlich mit dem Pfefferkuchen über den kranken Körper gestrichen wurde, ist anschließend in kleinen Stücken (eine Reihe je Tag) verzehrt worden. So, wie der Kuchen im Körper verdaut und ausgeschieden wird, soll die Krankheit vernichtet werden und den Körper nach und nach verlassen.

Behandlungen von **inneren Krankheiten:**

86. Kobfschmerzen, Magenschmerzen, Kränfenschmerzen (Krämpfe)
Stille ich und Bauchgrimmen, die Art, die sich findet.
Gib Gott, daß sie gleich verschwindet
und sich nimmer einfindet
wie dieser Mann verschwand,
der unsern Herrn Jesus Christus ans Kreuze band.
Im Namen Gottes … *Caroline Otte, Nr. 42*

87. Buck Wedag zu besprechen (Bauchschmerzen)
dann geht man an die rechte Seite an das Vieh. Ist das eine Mans Persohn, nimmt er seine Wäsche, die er am Leibe hat und streicht das Vieh von den Ohren längs den Rücken zum Ende. Ist es eine Frauens Persohn, so nimmt sie ihre Schürze, die sie auf dem Leib hat und streicht das Vieh von den Ohren lang zum Ende und betet diesen Spruch drei mal durch:
Eene Hand vul Mehr, ein olt wief,
die nimmt dir dein Wedag ud dien lief.
Caroline Otte, Nr. 50

Es scheint sich um eine Übertragung des Fiebers auf ein Tier zu handeln, denn zur Tierheilung waren keine Sprüche üblich.

88. Vor das Schneiden Wasser zu besprechen (Blasenentzündung)
Schneiden Wasser und reisen Wasser stellt eins mit dem andern ab.
Im Namen Gottes … *Caroline Otte, Nr. 38*
Eventuell die Übertragung der Krankheit auf ein fließendes Wasser!

89. Gelbsucht
Wer die Gelbsucht hat, muß in eine Theertonne oder Theerhütte hineinsehen. Insel Rügen *Haas, PVM, 126*

90. Gegen Wassersucht wendet man hier Kröten an, die man auf den geschwollenen Leib bindet, was man so oft wiederholen soll, bis das Leiden verschwunden ist.

Ida Wegner, Sympathiekuren

91. Kröten und in den Zwölften geschossene Elstern wurden beim Schmied zu Asche verbrannt und dienten pulverisiert gegen Polypen und Krämpfe. *Adler, Mönchgut, 161*

92. Als ein gutes Heilmittel gegen die Schwindsucht wird der Genuß von Hundefett betrachtet.

Adler, Mönchgut, 161

93. Mittel gegen die Schwindsucht: Der Schwindsüchtige muß sein eigenes Wasser trinken. Bisweilen werden auch noch bestimmte Ingredienzien, als Zucker, Schnaps, Wein u.a. dazu gegeben. *Haas, PVM, 176*

94. Schwindel (Schwindsucht?)

Schwende, weda(g) *und Miswachs*
gingen alle drei ins Gericht
Miswachs gewunt, Schwende, weda(g) *verschwunt*
Im Namen Gottes... *Caroline Otte, Nr. 17*

95. gegen Schwindel (Schwindsucht, Auszehrung)

Der Heben (Himmel) *ist flüchtig,*
Die Erde ist kalt;
Still steht der Schwindel
in Immanuels Hand.
Der Schwindel verschwand
Und ward Fleisch und Blut.
Garz *Jahn, HWZ, 114*

Gegen die **Fallende Sucht, Epilepsie, Feigel,** den **slimmen Schaden,** die **schwere Not:**

96. Wer an epileptischen Zufällen leidet, muß um Erbsilber bitten und sich daraus einen silbernen Ring machen lassen;

wenn er denselben trägt, wird er gesund werden. Doch muß er beim Bitten um das Erbsilber niemals vergessen, ‚um Gottes Willen' hinzuzufügen. Rügen *Haas, PVM, 75*

97. In der Umgebung von Stralsund empfiehlt die Sympathie gegen die Epilepsie die Wurzel einer Päonie (Pfingstrose), *die man bei abnehmendem Monde ausgraben muß. Diese Wurzel soll der Kranke an einer Schnur neun Tage um den Hals tragen. Das Leiden soll auch verschwinden, wenn man neun Tage lang einen jungen Hund mit ins Bett nimmt.*
Ida Wegner; Sympathiekuren

Gegen **Zahnschmerzen:**

98. Hat jemand Zahnschmerzen, soll man denjenigen erschrecken, dann gehen sie weg.

Ein anderes Mittel dagegen: Wer von Zahnschmerzen geheilt sein will, muß des Morgens den linken Strumpf zuerst anziehen und den Rock (die Jacke) *zuerst auf den linken Arm streifen.* *Insel Rügen* *Haas, PVM 159*

99. Gegen Zahnschmerzen
Eut, beut, Kraenfeut/
Heit dei Star,
Taene, du sollst bald baeter warn. Rappin
Jahn, HWZ, 138

100. Zenen zu Besprechen
Ich sehe dich,
du helles Licht mit deinen zwei Spitzen,
daß deine Zähne nicht reißen im Namen
Gottes … + + + *Caroline Otte, Nr. 37*

101. Nachdem bei Zahnschmerz dreimal die Worte gesprochen waren:
Sei uns will kommen helles Licht
Für die Zahn und für die Gicht
Benimm mir all mein Würmelein

Die mir verzehren mein Gebein,
nahm der Besprechende eine kleine Schüssel mit schwarzer Erde, tauchte die Finger hinein und macht dann drei Kreuze auf den kranken Zahn. *Adler, Mönchgut, 163*

102. Zahnschmerz zu besprechen:
Schmerz und Zahnwehtage ich stille dich
Und befehle dir:
Du sollst in die Tiefe des Meeres fahren
und nicht eher wieder herauskommen,
Bis daß die andere Jungfrau Maria geboren wird.
Rügen, Akten d. Ges. Pomm. Gesch u. Altertumskunde *Jahn, HWZ, 138*

Gegen verschiedene **andere Gebrechen:**

103. Mittel gegen Stiche: Man koche aus Stachelbeerzweigen einen Thee und trinke denselben. Man wähle dazu solche Zweige, welche möglichst viele Dornen haben, denn je mehr Dornen daran sind, desto schneller hilft es. *Haas, PVM, 188*

104. Wenn ein Schnack gestochen hat
Der schnack hat dich gestochen
das hat Gott wiedersprochen
du sollst nicht kellen, du sollst nicht schwellen
du sollst Stehen und du sollst nicht weiter gehen
im Namen Gottes ... + + + *Caroline Otte, Nr. 23*

105. Wenn ein Schnach gestochen hat
Was Machts du hier, du Gieftiges thier
ich nehme diesen Stein vertreib dier die Pein
Caroline Otte, Nr. 4

106. Stich zu Besprechen
Ich stille dich Heiland vor (von) *diesem Stich*
und der liebe Gott, der gebe, daß dieser Stich vergeht.
Unser Heiland, der gebe, dass dieses Stillen hilft

gegen das ganze Ritten (Reißen)
in Gottes Jesus allmächtigem Namen

Caroline Otte, Nr. 31

107. Schlangenbiß
Der Biß der Adder (männliche Kreuzotter) *und der Kopperschnaak* (weibliche Kreuzotter) *ist giftig, wird aber unschädlich gemacht, daß man einen Faden Wolle darüber bindet.*

Haas, PVM 175

108. Wider den Schlangenbiß
Mutter Maria ging am Strand
Fand aber weiter nichts, wie Arren und Schlang.
Garz *Jahn, HWZ, 112*

109. Schlickup (Schluckauf)
Wenn jemand den Schlucken hat, so muß man ihn erschrekken, dann vergeht es.

Haas, PVM, 175

110. Wer den Schlucken hat, muß dreimal hintereinander „Witten Schimmel" sagen, dann wird es besser.

Haas, PVM, 176

111. Eine belegte Zunge soll abgekratzt werden und die Masse wird mit einem Stückchen Brot den Krähen hingeworfen.

W. Peters, Abergl. Rügen

112. Schwitzen
Wer an schweißigen Händen leidet, muß einen Frosch in die Hand nehmen und ihn in der Hand sterben lassen. Da der Frosch die Wärme der Hand nicht vertragen kann, so stirbt er bald. Dieselbe Wirkung wird erzielt, wenn man einen Maulwurf in der Hand sterben läßt; doch ist dieses Mittel insofern schwierig, als der Maulwurf nicht eher stirbt, als bis die Sonne untergegangen ist.

Haas, PVM 176

113. Adel (Fingerwurm), eine eitrige Entzündung an einem Finger

> *Die Adel und die Schul*
> *die gingen beide zum Puhl* (Teich, kleines Gewässer)
> *die schul gewunt, die Adel verschwundt. Im Namen Gottes …* *Caroline Otte, Nr.16*

Der Sinn des Wortes *schul* ist unklar. In anderen Beispielen des Spruches, z.B. aus Mecklenburg, heißt es *Schmul* oder *Schwul.* Vielleicht geht es bei dem Wort lediglich um den Reim zu *Puhl?!*

114. Wadenkrampf
In dieser Gegend (um Stralsund) *verwendet man gegen Fuß- und Wadenkrämpfe einen Schlüssel, mit dem man beim Auftreten des Krampfes über die Stelle streicht. Der Krampf soll auch nachlassen, wenn man Schwefelfäden um den Fuß oder das Bein wickelt.* *Ida Wegner, Sympathiekuren*

115. Die ‚Glückshuuw', die Eihaut bei der Geburt wurde aufgehoben und dem Kind zur Taufe in die Kirche mitgegeben. Wenn später die Nabelschnur abfiel, legte man sie auf den Ofen, wo sie trocknete und zu einem Pulver verrieben dem Kind bei Krankheiten eingegeben wurde.
Adler, Mönchgut, 175

116. Der in Branntwein destillierte Aal sollte von Trunksucht helfen. *Adler, Mönchgut, 16*

117. Vor de Pog zu Besprechen, mit *de Pog* ist vermutlich ein aufgeblähter Bauch gemeint

Gott sprag die Pog	Gott sprach zu der Pogge:
Brag von die Leber	Geh von der Leber
bis auf die Lung,	bis auf die Lunge,
Von des Hertz auf die Zung	Vom Herzen bis auf die Zunge.
Pog Steh Still	Pogge steh still …

im Namen Gottes des Vatters … +++ Caroline Otte, Nr. 20

Zu dem letzten Spruch gegen die *Pog* gibt es Parallelen der Form seit etwa 2 000 Jahren. Plinius d. Ä. nennt einen Spruch gegen Nierenschmerzen (Önnerfors, Antike Zaubersprüche, S. 14), in dem der Schmerz direkt angesprochen wird:

> *Hör zu, Nierenschmerz, verschwinde vom Mark in die Knochen, von den Knochen ins Muskelfleisch, vom Muskelfleisch in die Muskeln, von den Muskeln in die Haut, von der Haut in die Härchen, und scher dich von den Härchen hundert Meilen weg.*

Ein weiteres Beispiel, etwa 1000 Jahre jünger, aus dem fränkischen Reich des frühen Mittelalters, zitiert Paul Hermann (Deutsche Mythologie, S. 72):

> *Geh aus, Wurm, mit neun Würmlein,*
> *Heraus aus dem Mark in die Adern,*
> *von den Adern in das Fleisch,*
> *Von dem Fleisch in die Haut,*
> *von der Haut in diesen Pfeil.*

Dies ist zugleich ein Beispiel für die Übertragung der Krankheit auf einen Pfeil, den man vermutlich anschließend mit einem Bogen fortgeschossen hat. Die Krankheit oder der Schmerz wird aufgefordert, über die einzelnen Organe den Körper zu verlassen.

Bemerkungen zu den in den Heilsprüchen genannten Begriffen

In den Heilsprüchen finden zahlreiche Begriffe Erwähnung, zu deren Verständnis einige Erläuterungen notwendig sind. Steine, Bäume, Pflanzen, Metallgegenstände und andere Dinge werden genannt, die offensichtlich bei der Heilmagie eine Rolle spielen und deren Bedeutung zu erklären ist.

Bäume: Bei den meisten erwähnten Bäumen handelt es sich um eine Zeremonie der Krankheitsübertragung, die durch das Berühren der Rinde oder das Anbinden eines Fieberzettels erfolgte. Das geschah in der Regel nach Sonnenuntergang, bei abnehmendem Mond, an einem Donnerstag oder Sonntag. Das markanteste Beispiel ist wohl die Geschichte von der Krupeiche, die Ernst Moritz Arndt so anschaulich überliefert hat (10).

Außerdem wird die Weide genannt (8, 9, 28), ein Paradiesbaum (36), eine Linde (48), der Holunder, der Fliederbaum (83), dessen Blüten und Früchte mit zu den beliebtesten Heilmitteln im Haushalt gehörten und gehören, und der Besenstiel, mit dem man knudeln soll. Buchenasche (Flockasch, 22, 23) ist als eines der seit langer Zeit beliebten Hausmittel für selbst gerührte Salben und zu Umschlägen verwendet worden.

Pflanzen: Eine Heilpflanze, deren Heilwirkung schon seit dem Mittelalter genannt wird, ist die Päonie (87). Sie kommt in etlichen alten Kräuterbüchern vor. Der Zweig der Stachelbeere mit möglichst vielen Dornen ist hier im Sinne von ‚Gleiches mit Gleichem bekämpfen' zu verstehen. Drei Rosen oder drei Blümelein (21, 53, 55, 57, 58, 69) sind weit verbreitete Motive in Heilsprüchen. Sie sollen Gottes Macht und Gottes Willen zum Heilen zum Ausdruck bringen und sind mit dem sogenannten „Dreifrauenmotiv" vergleichbar, das laut dem Handwörterbuch des deutschen Aberglaubens für drei Marien oder drei Schicksalsgöttinnen stehen. Das Marienblümchen, von dem man die ersten drei Blüten im

Frühjahr essen soll (30), ist das Gänseblümchen. Es soll vor Fieber und Magenschmerzen bewahren, allerdings nur, wenn man es mit dem Mund abpflückt. Man darf es auf keinen Fall dabei mit den Händen berühren. Das Essen der ersten reifen Kornähre (81) hat eine ähnliche Bedeutung.

Tiere: Besonders häufig werden in den Sprüchen Tiere oder Teile von Tieren genannt, auf die oder mit denen Krankheiten entfernt werden sollen. In den zitierten Sprüchen kommen folgende Tiere vor: Kröte (90), Kröte und Elster (91), Pferd (12), Nacktschnecke (29), Frosch oder Maulwurf (111), Hühner (1), Hund (97).

Übertragungsmedien für Krankheiten sind auch Hühnerfedern (33), die man nach dem Verwenden über den Kopf fortwerfen soll. Ein anderes Mittel ist das Blut von Tieren.

Metall: Metall in verschiedenen Varianten gilt seit jeher als Zaubermittel und wurde und wird bei magischen Praktiken verwendet. Aus heutiger Sicht recht kurios ist das Szenario bei dem Vertreiben von Knirrband (7, 18, 19, 20, 82), bei dem symbolisch das Abschlagen des kranken Armes dargestellt wird. Es scheint als eine Drohung gegen den Krankheitsverursacher gemeint zu sein. Das Einschlagen von drei Nägeln (47) hat wohl eine ähnliche Bedeutung. Eine heilende Wirkung versprach man sich ebenfalls von fein abgeschabtem Metall von Abendmahlskelchen und anderen sakralen Gegenständen.

Ein Ring aus einem Sargnagel (38) oder aus Erbsilber geschmiedet (96) ist allein durch seine besondere Herkunft mit magischer Kraft versehen. Schmiede galten wegen ihres Umganges mit Feuer und Eisen schon seit dem Mittelalter als Spökenkieker und zauberkundige Leute. Auch die in der Heilmagie verwendeten Schlüssel (74, 114) sollten nach Möglichkeit Erbschlüssel sein. Das Motiv des Eggenzinkens enthält zweierlei magische Gedanken (7). Einerseits ist es ein geschmiedetes Produkt, andererseits kann damit gemeint sein, dass über den wieder an die alte Stelle gesetzten Eisenzinken die Krankheit in die Erde gebacht werden sollte.

Leichen: Weit verbreitet war die Ansicht, dass Krankheiten verschwinden würden, wenn man eine Leiche oder einen Teil davon berührt. Meistens handelt es sich dabei um Krankheiten, die außen am Körper sichtbar sind, wie in den zitierten Sprüchen (42, 43, 44) bei Brand oder auch bei der Rose. Ob die schon bei Matthäus Normann im Wendisch-Rügianischen Landgebrauch erwähnten „Dewesdumen“ (Diebesdaumen) zu magischen Heilpraktiken verwendet wurden, ist heute leider nicht mehr festzustellen. Es geht auf den mittelalterlichen Rechtsbrauch zurück, dass man Dieben zur Strafe und für alle sichtbar den Daumen abschlug. Ebenso wenig weiß man, ob die Heiler/innen tatsächlich eine Totenhand verwendeten, und wenn: Wie wurde damit verfahren? Möglich ist, dass der Spruch alleine die Wirkung haben sollte. Die Zeremonie könnte auch auf einem Friedhof stattgefunden haben, eventuell an der Grabstelle eines verstorbenen Angehörigen.

Steine: Bei den in den Heilsprüchen erwähnten Steinen geht es sehr wahrscheinlich um ein Übertragen der Krankheiten auf diese (2, 25, 32, 60 und 105), wobei bei dem Beispiel 32 Stein und Wasser zusammen wirken sollen. Der für die Heilungen geriebene rote Ziegelstaub von den Backsteinen einiger Kirchen ist vermutlich nur zu besonderen Zeiten gewonnen worden. Somit haben die sakrale Herkunft und die Zeit der Gewinnung die magische Wirkung hervorgerufen.

Literaturverzeichnis

Adler, Fritz
Mönchgut. Greifswald 1936
Alvermann, Jens Peter Dirk
Eine unruhige, wunderseltsame Creatur. Das Leben der Sidonia von Borke. Rehna 1998
Aßmann, Erwin
Die Hexe von Sassitz. Ein Tatsachenbericht aus dem Jahr 1626. Sippe und Heimat 6/1937
Bächtold-Stäubli, Hanns (Hrsg.)
Handbuch des deutschen Aberglaubens. 10 Bände, 1942/ Berlin 1986
Bartholet, Alfred
Die Slawen. Religionsgeschichtliches Lesebuch. Heft 3, Tübingen 1926
Bartsch, Karl
Sagen, Märchen und Gebräuche aus Mecklbg. Wien 1879
Behringer, Wolfgang (Hrsg.)
Hexen und Hexenprozesse in Deutschland. 5. Aufl. 2001
Dähnert, Johann Carl
Platt-Deutsches Wörterbuch nach der alten und neuen Pommerschen und Rügischen Mundart. Stralsund 1781
Dähnert, Johann Carl
Sammlung gemeiner und besonderer Pommerscher und Rügischer Landesurkunden. Bände 1–4, Greifswald 1752–1755
Dosch-Muster, Karin
Das Brauchbüchlein der Caroline Otte. Handschr. Aufzeichn. aus dem Jahre 1842. Mainz 1996. Mainzer kleine Schriften zur Volkskultur, Bd. 11
Grimm, Jacob
Deutsche Mythologie. 2. Auflage 1844
Haas, Alfred
Volkstümliche Krankheitsbezeichnungen in Pommern. Monatsbl. d. Ges. f. pomm. Gesch. u. Altertumskunde, Heft 4 und 12/1928

Haas, Alfred
Hexenprozess wider Peter Gowen Ehefrau in Pansevitz 1607 bis 1609. Rügensche Heimat 1934, Nr. 3
Haas, Alfred
Die Gützlaffsche und die Möllersche 1653–1655. Rügensche Heimat 1934, Nr. 9
Haas, Alfred
Der Hexenmeister Ties Kagelmacher zu Wiek auf Wittow. Rügensche Heimat 1933, Nr. 2
Haas, Alfred
Rügensche Volkskunde. Stettin 1920
Haas, Alfred
Über das pommersche Hexenwesen im 16. und 17. Jahrhundert. Balt. Studien NF, Band 34, 1932
Haas, Alfred
Rügensche Sagen. 5. Auflage, Stettin 1920
Haas, Alfred
Beiträge zur pommerschen Volksmedizin. In: Blätter z. pomm. Volkskunde, 1899–1901 (mehrere Folgen)
Haas, Alfred
Aus pommerschen Hexenprozessakten. Ein Beitrag zur Geschichte des pommerschen Volksglaubens. In: Monatsbl. d. Ges. f. pomm. Gesch. u. Altertumskunde, Jg. 9, 1895
Haas, Alfred
Das Mahrtreiten im pommerschen Volksglauben gegen Ende des 17. Jahrhunderts. In: Beitr. z. Volkskunde Pommerns. Greifswald 1939
Heckscher, Kurt
Die Volkskunde des germanischen Kulturkreises. An Hand der Schriften von Ernst Moritz Arndt. Hamburg 1925
Helmold
Chronik der Slaven. Hrsg. Alexander Heine. Essen, Stuttgart 1986
Heyden, Hellmuth
Kirchengeschichte Pommerns. 3 Bände. Köln 1957
Hexenwahn. Ängste der Neuzeit. Begleitband zur Ausstel-

lung im Deutschen Historischen Museum. Berlin 2002
Jahn, Ulrich
Hexenwesen und Zauberei in Pommern. Nachdruck von 1886, Vaduz 1995
Jahr Ulrich
Die deutschen Opfergebräuche bei Ackerbau und Viehzucht. Reprint der Ausgabe von 1884, Hildesheim, New York 1977
Jünemann, Joachim
Rillen und Näpfchen auf sakralen Denkmalen. In: Beiträge zur Geschichte der Pharmazie, Jg. 29 u. 31, 1977/4, 1980/7
König, B. Emil
Geschichte der Hexenprozesse. Köln o.J.
Lorenz, Sönke
Aktenversendung und Hexenprozeß. Frankfurt a.M. 1982/ 83, 3 Bde., Studia Philosophica et Historica
Madaus, Christian
Püstern in Mecklenburg. Schwerin 1994
Malleus maleficarum. Der Hexenhammer. Reprint-Verlag Leipzig, o. J., 8. Reprintauflage
Normann, Matthäus
Wendisch-Rügianischer Landgebrauch. Hrsg. Th. Gadebusch, Stralsund 1777
Önnerfors, Alf
Antike Zaubersprüche. Stuttgart 1991 (Reclam)
Peters, W.
Aberglaube in der Rügenschen Heimat. Sippe und Heimat 1/1940
Pogge, C. F.
Zigeuner, Hexen und Aberglaube im ländlichen Pommern. In: Unser Pommernland, 13. Jg., 1928, Heft 4
Rasch-Rauter, Inge
Unser keltisches Erbe. Wien 1994
Sander, Kirsten
Aberglaube im Spiegel schleswig-holsteinischer Quellen des 16. bis 18. Jahrhunderts. Neumünster 1991. Studien zur Volkskunde und Kulturgesch. Schleswig-Holsteins,

Bd. 25 *Sechstes und siebentes Buch Mosis oder der magisch-sympatische Hausschatz.* Philadelphia o. J. (um 1920/30)

Soldan/Heppe

Geschichte der Hexenprozesse. Bearb. Reprintausgabe von 1880, Kettwig 1986

Staak, Gerhard

Erbgut und Treibgut in Heilspruch und -brauch. In: Ztschr. Heimatbund Mecklenburg. Heft 1/1934

Staak, Gerhard

Die magische Krankheitsbehandlung in der Gegenwart in Mecklenburg. Diss. Kiel 1930

Stojentin, M. von

Aktenmäßige Nachrichten von Hexenprozessen und Zaubereien im ehemaligen Herzogtum Pommern. In: Ztschr. f. Kulturgeschichte, 19. Bd., Weimar 1898

Tacitus

Germania. 5. Auflage, Reclam-Universal-Bibliothek Nr. 726

Thorbrietz, Petra

Das Rätsel der heilenden Hände. Placebo, Wunder, Segen? Ztschr. GEO, Wissen, Nr. 29

Wackenroder, Ernst Henrich

Altes und neues Rügen. 1732

Wegner, Ida

In Pommern gebräuchliche Sympathiekuren. In: Unser Pommernland 1928, S. 407–410

Wessel, Franz

Etlike Stücke, wo idt vormals im Pavestdome mit dem Gadesdenste thom Stralsunde gestahn beth up dat Jahr 1523. Hrsg. H. Zober, Stralsund 1837

Weuffen W. und R. Wendt

Aberglaube und Kurpfuscherei auf dem Lande. Über zwei von Kurpfuschern benutzte Rezeptsammlungen aus dem Land- und Stadtkreis Greifswald. Wiss. Ztschr. der EMA-Universität, Jg. XV, 1966, Math.- naturw. Reihe Nr. 4

Zorn, Theodor

Aberglauben in der Rügenschen Heimat. In: Jahrbuch Globus 1870 (Bd. 18), S. 86 ff.